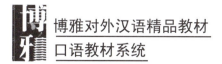
博雅对外汉语精品教材
口语教材系统

初级汉语口语(1)

(第三版)

ELEMENTARY SPOKEN
CHINESE 1
(Third Edition)

课文与练习

戴桂芙　刘立新　李海燕　编著

北京大学出版社
PEKING UNIVERSITY PRESS

图书在版编目(CIP)数据

初级汉语口语.1/戴桂芙,刘立新,李海燕编著.—3版.—北京:北京大学出版社,2014.7
(博雅对外汉语精品教材)
ISBN 978-7-301-24287-2

I. ①初… II. ①戴… ②刘… ③李… III. ①汉语—口语—对外汉语教学—教材 IV. ①H195.4

中国版本图书馆CIP数据核字(2014)第111700号

书　　　　名：	初级汉语口语(1)(第三版)
著作责任者：	戴桂芙　刘立新　李海燕　编著
责 任 编 辑：	沈　岚　沈浦娜
标 准 书 号：	ISBN 978-7-301-24287-2
出 版 发 行：	北京大学出版社
地　　　　址：	北京市海淀区成府路205号　100871
网　　　　址：	http://www.pup.cn　新浪官方微博:@北京大学出版社
电 子 信 箱：	zpup@pup.cn
电　　　　话：	邮购部 62752015　发行部 62750672　编辑部 62767349　出版部 62754962
印　刷　者：	河北博文科技印务有限公司
经　销　者：	新华书店
	889毫米×1194毫米　大16开本　20.5印张　340千字
	1996年8月第1版　2004年3月第2版
	2014年7月第3版　2025年1月第9次印刷
定　　　　价：	78.00元(全二册)

未经许可,不得以任何方式复制或抄袭本书之部分或全部内容。

版权所有,侵权必究

举报电话:010-62752024　电子信箱:fd@pup.pku.edu.cn

第三版改版说明

这是一套经典汉语口语教材，自 1996 年出版以来，受到国内外汉语学习者和汉语教师的广泛好评，先后两次改版，数十次印刷，至今畅销不衰。

本套教材分初、中、高三个级别，每级分 1、2 和提高篇三册。每课分为课文、注释、语言点和练习等部分。每三至五课为一个单元，每单元附有口语常用语、口语知识及交际文化知识等。

本套教材从零起点起，初级前三课为语音集中教学阶段，后续课程根据情景和功能灵活设课，循序渐进，急用先学，即学即用。教材的选词范围主要以《汉语水平词汇与汉字等级大纲》为参照，初级以甲、乙级词为主，学习初级口语常用句式、简单对话和成段表达；中级以乙、丙级词为主，以若干主线人物贯串始终，赋予人物一定的性格特征和语言风格；高级以丁级词为主，第 1、2 册以一个典型的中国家庭为主线，以类似剧本的形式展开故事情节，展示中国家庭和社会的多个侧面。

本套教材的主要特点是：

1. 与日常生活紧密结合，学以致用；
2. 语言点解释简单明了，通俗易懂；
3. 练习注重结构与交际，丰富实用。

本套教材每个级别可供常规汉语进修生或本科生一学年之用，或供短期生根据实际水平及课时灵活选用。

第三版主要针对以下内容进行修订：

1. 对课文、例句及练习中过时的内容做了修改和替换，使之更具时代感；
2. 对少量语言点及解释做了调整和梳理，使之更加严谨，便于教学；
3. 对部分练习做了增删，使之更具有针对性和实用性。

北京大学出版社汉语及语言学编辑部

2014 年 3 月

序

　　随着改革开放的深入发展，对外汉语教学也日益受到人们的重视。来华的留学生人数也在增加。这些留学生中，虽然也有要通过汉语学习中国文化的，但其中有不少是要利用汉语和中国通商或进行政治、外交等诸方面活动的。在这种情况下，口语能力就显得特别重要。许多留学生都希望在短期内学好一口流利的普通话以便进行工作。

　　我们的汉语口语教学起步较晚。五六十年代虽然已有不少国家的留学生，可以说都是要打好汉语基础再入系深造的。我们对口语会话能力并未给以特殊的重视。"文化大革命"以后，开始有些口语课本出现，这些口语课本都是在会话内容上强调要贴近留学生生活、要能介绍中国文化、要能教给留学生得体的汉语、要能引起学生兴趣，等等。

　　诚然，上述各方面对口语教材都是非常重要的。但是要提高口语教学质量、改善口语教材的编写，却是个更重要的问题。

　　1996年起戴桂芙同志和两位青年教师在教授初级口语的同时，边实践、边总结、边研究、边编写，写成了今天这部初级口语课本。在编写课文时，她们没有忘记课文要贴近学生生活、要介绍中国文化、要语言得体、活泼有趣等等。因为这是所有口语教师都十分注意的。我认为她们把过去以词语为单位的教学法改革为以句型为单位的教学法才是最重要而有意义的改革。

　　为什么要把句型本位作为口语教学的出发点？这种变动有什么道理？我认为教材离不开学生的特点。成人学习外语都是想短期速成、目标明确。在一定的语言环境下教给学生恰当的句型，叫他们会话，这是符合学生要求的，也是便于学生掌握的。这样的教学效果肯定会较好的。

　　因为有句型本位的训练，初级口语也能训练学生成段表达的能力。这也有利于培养学生用汉语进行思维的能力，从而为他们尽早掌握符合汉语习惯的口语创造条件。

　　戴桂芙、刘立新、李海燕三位同志善于深思、勇于创新，为口语教学开新路。我祝她们取得更大成绩，为对外汉语教学立新功！

邓　懿

1997年7月

第二版前言

《初级汉语口语》（上、下）出版七年多来，一直是颇受欢迎的教材，已重印十次。国内及海外多所院校使用，得到广泛肯定与好评。现在改版后的《初级汉语口语》（1、2和提高篇）正以全新的面貌迎接着它更多的使用者，我们衷心期待着大家的支持和指正。

改版的原因有这么三点：第一，为了进一步开掘教材的实用性、有效性和使用的广泛性；第二，紧跟对外汉语教学的发展形势，紧跟社会发展的趋势；第三，融入使用者们提出的中肯而宝贵的建议。我们对《初级汉语口语》（上、下）做了全面的修订。

改版的基本原则是：在遵循原来的编写原则的基础上，突出以人为本，以学习者为主体，从教学的需要出发，更好地进行教与学的互动。

本次改版主要涉及以下几个方面：

一、 分册：由原来的两册六十课改为三册六十三课。其中第一册二十五课，新增语音教学三课；第二册二十课； 初级提高篇十八课。每册均能满足大约一百五十学时的教学需要，并可根据学习者的程度，以其中任何一册为学习的起点，方便教学。

二、 课文：

1. 删除由于社会生活的发展、变化而过时的话题。如：关于北京的小公共汽车的话题。删除个别不具普遍性的语言现象，如："豆包不是包子"之类。增加当前学生生活中不可缺少的上网、发邮件等话题。

2. 降低难度，突显坡度，以便更自然地与《中级汉语口语》衔接。删除一些语法难点，如一些副词的用法。更加突出汉语口语的特点，将个别的长句改为短句；将一些复杂句式、特殊句式改为简单的常用句式；减少反问句式等。

三、 词语：以《汉语水平词汇与汉字等级大纲》（简称《大纲》）为准绳，进一步提高甲级词和甲级汉字的出现率，使所出现的甲级词和甲级汉字占到《大纲》的97%以上；删除了个别在初级阶段学习难度较大的乙、丙级词，删除了个别较难理解的俗语、习用语和北京话词语。一些当前生活中的常用词如"电脑""手机"等，虽然《大纲》未收，因话题的需要增加进去；词语的重现率有较大提高；附录中增加了词语总表和量词表。

四、注释：随着课文的改写和增删，个别条目也有所调整。正文力求更加简明、准确，例句降低难度，尽量使用已学过的话题和词语，减少生词和难句。

五、练习：注释过的语言现象，基本上都有练习。练习项目数量更多，形式也更生动活泼。每课练习一般不少于七项，有的多到十一二项。第一册自始至终贯穿语音和声调训练，除用所学词语外，还选用了绕口令和古代诗词，不但增加了文化色彩，而且也提高了训练的情趣。练习的参考答案附后。第二册和初级提高篇的练习，除继续进行一些简单模仿性的练习外，更多的是可自由表达和发挥的创造性练习、成段表达练习。初级提高篇每课最后增加了"说一说，笑一笑"，素材取自《健康文摘报》摘录的小笑话，根据教学需要加以改写，意在使学习者通过说笑，轻松愉快地训练口语表达能力。

六、翻译：除英文翻译外，词语部分增加了日文翻译和韩文翻译。课文、词语、注释、练习和"你知道吗？"的英文都是重新翻译的。日文翻译为岩川明子女士，韩文翻译为郑珠丽女士，课文和词语部分英文翻译为徐浣女士，第二版前言、注释、练习和"你知道吗？"为段孟华女士。

七、插图：所有插图全部是新作。课文中的插图生动、有美感。练习中的插图贴切，更有助于学习者理解题意，快速、完美地进行练习。

八、录音：为保证质量，录制了CD盘。

九、排版：新的体例、版式及双色印刷使改版后的课本从形式上也焕然一新，比第一版更加清晰、醒目。第一册各课与第二册第一至十课，每段课文同时编排汉字和拼音，第二册第十一至二十课的课文只写汉字不写拼音，汉字上标注口语的实际声调。初级提高篇中的课文全部只写汉字并标注口语的实际声调。

十、装订：为了更方便学习、阅读和查找，每册课本和附录分装两册。课本册包括课文、注释、练习和"你知道吗？"；附录册包括每课生词、练习中的补充词语、词语总表、名词量词搭配表、课文的英文翻译等。

　　本次改版的分工：第一册由李海燕主笔；第二册由刘立新主笔；初级提高篇由戴桂芙主笔。改版原则、改版大纲、改版内容等均经三人多次研讨，并数易其稿。全稿由戴桂芙审定。

　　本次改版的成功，是作者们的精诚、默契、愉快的合作结果，同时也与各方面的支持和帮助分不开。在此我们衷心感谢北京大学对外汉语教育学院领导的支持；衷心感谢所有对《初级汉语口语》第一版提出过建议和意见的老师和学生，特别要感谢北京大学对外汉语教育学院的老师们；衷心感谢为本次改版的翻译工作付出心血的四位女士；感谢插图的各位作者；还要特别感谢北京大学出版社和责任编辑郭力、沈浦娜女士；感谢审阅第二版前言英语译文的沈岚女士；感谢所有为本次改版付出劳动的朋友们！

　　此时此刻，我们特别怀念曾为《初级汉语口语》（上、下）作序的邓懿先生。她鼓励我们："为口语教学开新路""为对外汉语教学立新功！"我们缅怀邓先生的最好行动就是：再接再厉，为实现她对我们的殷切期望不懈努力！

戴桂芙　刘立新　李海燕
2003 年 12 月于北京大学

Foreword to a Revised Edition

Elementary Spoken Chinese (*1, 2*) sold well for over seven years after publishing, and was reprinted ten times. The textbook earned a favorable comment in many universities both in China and foreign countries. Now the revised *Elementary Spoken Chinese* (*1, 2 and Improvement*) is meeting more readers with a brand-new look. Your suggestions are very much welcome.

The reasons for revision are as follows:

First, to make it more effective and applicable and can be used extensively. Second, with the development of teaching Chinese as a foreign language, it has to be kept updated. Third, the readers' pertinent and valuable suggestions are incorporated into the textbook. Thus, revision was made to the previous *Elementary Spoken Chinese* (*1, 2*).

The principle of the revision is: based on the previous compiling principle, with emphasis on the individual, which is student-centered for meeting the needs of teaching and learning.

The revisions are as follows:

First, dividing volumes: the previous textbook of 60 lessons in two volumes is changed into 63 lessons in three volumes. There are 25 lessons in volume 1, with three Phonetics lessons added; there are 20 lessons in volume 2; there are 18 lessons in volume of *Elementary Improvement*. Every volume can meet the needs of 150 teaching hours. The learner can choose the volume that suits his/her level.

Second, text:

1. The outdated topics are deleted due to the development of society. e. g. the topic of mini buses in Beijing. Some language phenomena that are not in extensive use are deleted as well, e.g. "豆包不是包子", etc. Topics regarding students' daily life are added such as access to Internet and sending Emails, etc.

2. The degree of difficulty is decreased and the learning process can be advanced step by step for using *Intermediate Spoken Chinese* smoothly. Some difficult grammar points are deleted, e.g. usages of some adverbs. Some long sentences are changed into short ones; some complex or special sentence patterns are changed into common ones, the rhetorical sentences are deleted for indicating

the characteristics of Spoken Chinese.

Third, words: *Syllabus of Chinese Words and Characters* (Syllabus in short) is used as a criterion, the frequency of the first-degree words and characters is increased, which covers more than 97% of those words in the Syllabus. Several second or third degree words and characters are deleted, which are difficult for students of elementary Chinese level. Some sayings, idioms and words of Beijing dialect are deleted as well. Some commonly-used words in daily life such as "电脑" "手机" are added, although they are not collected in the Syllabus. The repetition rate of words is greatly increased; a general vocabulary list and a table of measure words are added in the appendix.

Fourth, notes: with revision of texts, several items are adjusted as well. The text is aimed to be more concise and accurate, and the difficulty of examples is lowered as well. The topics and words that the students have learnt before are used for avoiding new words and difficult sentences.

Fifth, exercises: the language phenomena that are explained are mostly accompanied with exercises. The exercises are diversified and vivid. There are no less than seven items on the exercises, sometimes eleven or twelve items. Phonetics and tone exercises are through the beginning to the end in volume 1; the new words, tongue twister and ancient poems are selected as well for students to know about the cultural context. The key to exercises is attached afterwards. There are more expression exercises, narrative exercises in paragraph and creative exercises in volume 2 and volume of *Elementary Improvement*, except the mimic exercises in volume 1. "Discuss and have fun" is added in volume of *Elementary Improvement*, which is extracted from *Health Digest Weekly*. According to the needs of teaching and learning, some changes are made for the learners to practice their speaking skills under a happy and easy language environment.

Sixth, translation: except the English translation, Japanese and Korean translations are added. The texts, words, notes, exercises and "Do you know?" are all retranslated. The Japanese translators is Ms. Yanchuan Mingzi. The Korean translator is Ms. Zheng Zhuli. The English translation of texts and words is Ms. Xu Huan, and the English translation of the preface, notes, exercises and "Do you know?" is Ms. Duan Menghua.

Seventh, iconography: all the iconographs are newly made. They are lively and aesthetic, which are helpful for students to understand and do the exercises quickly and properly.

Eighth, recording: to guarantee the quality, the CD is available.

Ninth, typeset: new layout, format and two-color printing technology make a new look of the revised edition, which are clearer and more marked. All the lessons in volume 1 and lesson 1 to lesson 10 in volume 2 are both Chinese characters and Pinyin. Lesson 10 to lesson 20 in volume 2 is only Chinese characters without Pinyin, with tone-marks given. Texts in volume of *Elementary Improvement* are just Chinese characters, with tone-marks given as well.

Tenth, binding: For convenience of learning, reading and checking, the textbook and appendix are binding respectively. The textbook is consisted of texts, notes, exercises and "Do you know?". There are new words, complementary words of exercises, vocabulary, measure words and English translation of texts, etc. in the appendix.

The main author of volume 1 is Ms. Li Haiyan; Ms. Liu Lixin is the author of volume 2; and the volume of *Elementary Improvement* is Ms. Dai Guifu. The details of revision such as the principle, syllabus and content are discussed many times, and changes are made quite a lot. Ms. Dai Guifu has made the final revision.

The success of this revised edition is due to the authors' contributions; supports from other aspects are very much appreciated as well. Our heartfelt thanks are given to the leaders of International College for Chinese Language Studies of Peking University. Our thanks are also extended to teachers and students who have given their ideas to the previous *Elementary Spoken Chinese*, especially those teachers of International College for Chinese Language Studies of Peking University.

We are very grateful to translators, illustrators, and executive editors—Ms. Guo Li, Ms. Shen Puna and Ms. Shen Lan of this book. All the friends who are dedicated to this book are appreciated.

At this moment, Professor Deng Yi who has written the preface for this book is specially cherished. She encouraged us in the preface "Create a new approach of teaching Spoken Chinese", and "make new contributions to teach Chinese as a foreign language". The best way for us is to endeavor continuously and work harder for entertaining her expectations.

By Dai Guifu, Liu Lixin and Li Haiyan
December 2003 at Peking University

第三版前言

《初级汉语口语》（1、2和提高篇）第二版出版至今，已近10载，重印多次，作为编者，我们深感欣慰。然而，随着社会生活的变化，语言的发展，教学理念的更新，教材，尤其是语言教材有必要加以修订和完善。为此，在北京大学出版社和同行们的帮助下，我们广泛搜集了使用过这部教材的北京大学对外汉语教育学院以及外校老师的意见，也参考了一些针对这套教材所作的研究（学生毕业论文、学术会议论文），对教材再次进行了修订。

本次修订的原则是：去除个别硬伤；剔除过时的内容，更新语料；在保持原有精华内容的基础上，尽量保持各课容量的均衡，适当降低难度，以便与《中级汉语口语》（1、2和提高篇）更自然地衔接。具体来说，我们在以下方面做了修改：

1. 课文和练习：

更新了语料，删除了一些过时的内容。有的课文全部重写，如原第一册的第十三课题目"我去图书馆上网"改为"我去图书馆借书"，用网上购书和寄快递的内容替换了原来过时的话题；尽量将长句改为短句，使语言更加口语化、自然化；使课文题目与课文内容相吻合；课文前或课文中的情景说明尽量简单，第一、二册增加了英译；对一些练习降低了难度。

第二册每课练习中增加了一项"每课一句"，内容是体现中国文化的名言，以增强教材的趣味性。由于原来的提高篇内容较多，本次修订精简了两课，由十八课改为十六课。提高篇话题主要为社会生活内容，人物表不再适用，因此删除。第一册和第二册课数不变。

2. 语言点注释：

增加了语言点注释索引；对于用法较多的语言点，只出当课中的用法，以减轻学生的学习负担；语言点数量每课尽量均衡，有的只在练习中出现，练会即可；减少了对于初级学生有难度的语言点项目；一些词语与语言点的选择尽量考虑到语块因素，如"怎么了"。

3. 生词：

尽量增加生词在课文和练习中的重现率，减少了补充词语和难词；对于多义词语或句式，只出当课中的义项，其他义项出现时再作为新词语出现，如"送快递""送朋友"的"送"；补充词语尽量在后面的课文中作为生词出现，而且每课数量尽量均衡。

4. 插图：

删掉了一些与课文内容无关的插图，更新了过时的图片，补充了一些新图片，如快递单、高铁票等。

这次修订，是这套教材第二次修订，是我们又一次新的努力。非常感谢为此付出心血的北京大学出版社编辑沈岚女士、刘正先生，以及为这套教材提出修订意见的各位同行。非常感谢为第三版修订内容进行英文、日文和韩文翻译的萧大龙先生、薛菲女士、井冈千寻女士和刘在恩女士。我们期待修订后的教材能够继续受到教师和学生的欢迎，并能为更多喜爱汉语的外国学生打好口语基础助一臂之力。

编　者
2014 年 2 月

Foreword to the Third Edition

The second edition of *Elementary Spoken Chinese (I, II and Improvement)* has been almost published for ten years so far, reprinted many times. As authors, we are really gratified. However, with the change of society, development of language, as well as innovation on teaching philosophy, textbooks, especially language teaching textbooks are required to be updated. With the help of Peking University Press and peers, we have conducted a large scale survey on this series of textbooks from teachers on Teaching Chinese as a Second Language, suggestions and academic research (including theses and conference papers on this series of textbooks) are used as reference. Then we have revised the *Elementary Spoken Chinese (I, II and Improvement)*.

The third edition is based on the following principles: to correct mistakes; to delete the out-of-date content and update the corpus; to keep balance of the content of each lesson and reduce difficulties for smoothly connecting with *Intermediated Spoken Chinese (I, II and Improvement)*. We revised as follows:

1. Texts and exercises:

The corpus has been updated, and out-of-date contents have been deleted. For example, lesson thirteen was changed from "I'm going to the library to surf the internet" to "I'm going to the library to borrow a book". To buy and deliver books on internet replaced the original, out-of-date topic.

Long sentences are revised to be shorter sentences, so as to make the language more colloquial and natural; topics are more identical to the content of the texts; the scene descriptions in the texts are more concise, English translation is accompanied with the scene descriptions. Difficulties of some exercises are reduced.

In *Elementary Spoken Chinese II*, "One sentence a day" is added, which are from quotations indicating Chinese culture, for appealing to the students. The third edition of *Elementary Spoken Chinese (Improvement)* was reduced two lessons, from eighteen lessons to sixteen lessons. Since *Improvement* is mainly about social life, so the character sheet is not necessary, which is deleted. lessons of *Elementary Spoken Chinese I and II* remain the same.

2. Language points:

The index of language points is added. The language points are precisely interpreted the exact usage in this lesson, for students to have a good command. The amount of language points in each lesson keeps with consistent, some only occur in the exercises. Some difficult language points were removed. Language chunks, for example, "怎么了" is included in the language points.

3. Vocabulary:

The frequency of recurrence of new words in the text and exercises is increased, and the supplementary and difficult words are reduced. For multiple meanings words or patterns, only the meaning used in this lesson is discussed. The other meanings will be presented as new words, for example, "送" in "送快递" and "送朋友"; Supplementary words are also presented as new words in the later texts, and the amount of each lesson keeps balance.

4. Illustrations:

Illustrations unrelated to the texts were deleted. Outdated illustrations have been updated. Some new pictures are provided, for example, express list, high-speed rail ticket, etc.

The third edition of *Elementary Spoken Chinese (I, II and Improvement)* is our new effort. Many thanks to the editors, Ms. Shen Lan and Mr. Liu Zheng, and those advice-giving peers. In addition, we would like to sincerely thank Mr. Xiao Dalong, Ms. Xue Fei, Ms. Ioka Chihiro and Ms. Liu Zai'en for their contribution to the English, Japanese, and Korean translations. We hope this series of revised textbooks continue to be welcomed, and be very helpful to those foreign students who love the Chinese language.

Authors
February, 2014

人物表

杰　夫：　男，20岁，英国人，在二班学汉语

安　妮：　女，美国人，也在二班学汉语

田老师：　女，中国人，二班的汉语老师

王　平：　男，中国大学生

彼　得：　男，19岁，法国人，在一班学汉语

丽　莎：　女，德国人，安妮的同屋

山田志：　男，日本人，二班的学生

朴志永：　男，韩国人，三班的学生

李文静：　女，中国大学生

刘　伟：　男，中国大学生

张　新：　女，中国大学生

目 录
Contents

第一课	汉语拼音（一）	1
第二课	汉语拼音（二）	6
第三课	汉语拼音（三）	12
第四课	你叫什么名字？	18
第五课	你在几班？	24
	你知道吗？（1）中国人的姓名	30
第六课	现在几点？	32
第七课	食堂在哪儿？	40
第八课	一共多少钱？	47
第九课	你有什么事？	54
第十课	她病了	62
	你知道吗？（2）生活中的数字	69
第十一课	我喜欢喝茶	70
第十二课	你干什么呢？	80
第十三课	我去图书馆借书	88
第十四课	今天天气怎么样？	96
第十五课	一个星期有多少节课？	104
	你知道吗？（3）时间和地点的顺序	111
第十六课	请问，去动物园怎么走？	113
第十七课	又好吃又便宜	122
第十八课	我想请你做我的辅导，好吗？	132
第十九课	我有点儿不舒服	140

第二十课	你的爱好是什么？	150
	你知道吗？（4）中国人常用的称呼	159
第二十一课	八点我正在教室上课呢	161
第二十二课	旅行回来了	169
第二十三课	穿什么衣服合适？	178
第二十四课	你家有什么人？	187
第二十五课	寒假打算怎么过？	194
	你知道吗？（5）寒暄与客套	200

第一课

Hànyǔ pīnyīn (yī)
汉语拼音（一）

一、汉语普通话　Standard Chinese Language

汉语普通话是中国汉民族的共同语。它以北京语音为标准音，以北方方言为基础方言，以典范的现代白话文著作为语法规范。

The common language of the Han nationality in the People's Republic of China is Mandarin Chinese. Beijing phonetics are regarded as the standard pronunciation and the basic dialect is the dialect of the northern part of the country. The standard modern Chinese written works become grammar examples.

在汉语中，一般地说，一个汉字是一个音节。汉语的音节构造比较简单，一般由声母、韵母和声调组成。声母在音节的开头，共有21个。声母后面的部分是韵母，又分为单韵母、复韵母和鼻韵母三类。普通话中声调的高低升降能区别意义，汉语拼音在韵母的主要元音上标出"ˉ ˊ ˇ ˋ"四种符号来表示声调。

Generally speaking, a single Chinese character is equal to a syllable. The structure of a Chinese syllable is quite simple, usually being composed of an "initial" and a "final" with a tone. An "initial" is the first part of a syllable and there are 21 in total. Following the "initial" is the "final", which can be classified into three types: the simple final, compound final and final with a nasal ending. Tones can distinguish meanings in Mandarin Chinese. The Chinese phonetic alphabet have four tone marks, "ˉ ˊ ˇ ˋ", which are placed on the major vowels of the "final".

二、声母　Initials

b	p	m	f
d	t	n	l
g	k	h	
j	q	x	
zh	ch	sh	r
z	c	s	

三、单韵母　Simple Finals

| a | o | e | i | u | ü |

四、声调　Tones

ˉ　ˊ　ˇ　ˋ

声调示意图：

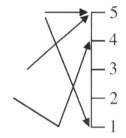

声调的调号标在音节的主要元音上，顺序一般为"a o e i u ü"。

Tone marks are marked on the main vowels of the syllable, and the order normally as "a o e i u ü".

ā á ǎ à　　ō ó ǒ ò　　ē é ě è　　ī í ǐ ì　　ū ú ǔ ù　　ǖ ǘ ǚ ǜ

bā
八

bá
拔

bǎ
把

bà
爸

五、声韵配合表 1 Common Combinations of "Initials" and "Finals" (1)

声母＼韵母	a	o	e	i	u	ü
b	ba	bo		bi	bu	
p	pa	po		pi	pu	
m	ma	mo		mi	mu	
f	fa	fo			fu	
d	da		de	di	du	
t	ta		te	ti	tu	
n	na		ne	ni	nu	nü
l	la		le	li	lu	lü
g	ga		ge		gu	
k	ka		ke		ku	
h	ha		he		hu	
j				ji		ju
q				qi		qu
x				xi		xu
z	za		ze	zi	zu	
c	ca		ce	ci	cu	
s	sa		se	si	su	
zh	zha		zhe	zhi	zhu	
ch	cha		che	chi	chu	
sh	sha		she	shi	shu	
r			re	ri	ru	

练习 Exercises

一 读下面的音节 Read the following syllables

（一） wǒ（我）　nǐ（你）　tā（他）　bù（不）　shì（是）

（二） bǐ（笔）　　　　chá（茶）　　　　shū（书）

shù（树）　　　　hē（喝）　　　　chī（吃）

jī（鸡）　　　　zhū（猪）　　　　mǎ（马）

kū（哭）　　　　nǚ（女）　　　　chē（车）

二 先大声读下面音节，然后辨音
First read the following syllables aloud, then distinguish the syllables

（一）　mā　má　mǎ　mà　　　　fā　fá　fǎ　fà

　　　　lū　lú　lǔ　lù　　　　　qī　qí　qǐ　qì

第一课　汉语拼音（一）

（二）　1. b　p

bā	pā
bō	pō
bí	pí
bǔ	pǔ
bù	pù

2. d　t

dǎ	tǎ
dè	tè
dī	tī
dú	tú
dǔ	tǔ

3. g　k

gǎ	kǎ
gē	kē
gè	kè
gū	kū
gǔ	kǔ

（三）　1. m　f

mā	fā
mó	fó
mǔ	fǔ
mù	fù

2. n　l

ná	lá
nǐ	lǐ
nù	lù
nǚ	lǚ

3. l　r

lè	rè
lì	rì
lù	rù

（四）　1. z　zh

zá	zhá
zè	zhè
zǐ	zhǐ
zū	zhū

2. c　ch

cā	chā
cè	chè
cí	chí
cū	chū

3. s　sh

sǎ	shǎ
sè	shè
sī	shī
sū	shū

三　听与读 Listen and read

qìchē（汽车）　　hūxī（呼吸）　　zìjǐ（自己）　　rìjì（日记）

sījī（司机）　　dǎ dī（打的）　　jí gé（及格）　　dú shū（读书）

lǜsè（绿色）　　nǔlì（努力）　　pífū（皮肤）　　jìzhě（记者）

chūzūchē（出租车）

Daily Talk 日常用语

1	你好！	Nǐ hǎo!	How are you!
2	谢谢！	Xièxie!	Thanks!
3	再见！	Zàijiàn!	Goodbye!
4	对不起！	Duìbuqǐ!	Sorry/Excuse me!
5	不客气！	Bú kèqi!	Not at all!

第二课 Hànyǔ pīnyīn (èr) 汉语拼音（二）

一、复韵母 Compound Finals

ai	ei	ao	ou	
ia	ie	ua	uo	üe
iao	iou	uai	uei	

二、鼻韵母 Finals with Nasal Endings

an	ian	uan	üan
en	in	uen	ün
ang	iang	uang	
eng	ing	ueng	
ong	iong		

三、卷舌元音 er[ər] The Retroflex Vowel

普通话里用 er [ər] 构成的音节不带声母，比如"二（èr）、儿（ér）、耳（ěr）"等。

The syllables consisting of er [ər] do not have an "initial", for example: "二 (èr, two)、儿 (ér, son)、耳 (ěr, ear)" and so on.

汉语里很多音节可以加上卷舌动作构成"儿化韵"，如：

Retroflex—the rolling of the tongue can be used to pronounce some syllables in Chinese. For example:

xiǎoháir（小孩儿 kid）、yìdiǎnr（一点儿 a little）、tóur（头儿 leader）、wánr（玩儿 play）

四、声韵配合表2 Common Combinations of "Initials" and "Finals" (2)

韵母\声母	ai	ei	ao	ou	an	en	ia	ua	uo	ie	üe	ang	eng	ong	ing	iao	iou(iu)	ian	in	uai	uei(ui)	uan	üan	uen	ün	iang	uang	iong
b	bai	bei	bao		ban	ben				bie		bang	beng		bing	biao		bian	bin									
p	pai	pei	pao	pou	pan	pen				pie		pang	peng		ping	piao		pian	pin									
m	mai	mei	mao	mou	man	men				mie		mang	meng		ming	miao	miu	mian	min									
f		fei		fou	fan	fen						fang	feng															
d	dai	dei	dao	dou	dan	den	dia		duo	die		dang	deng	dong	ding	diao	diu	dian			dui	duan		dun				
t	tai	tei	tao	tou	tan				tuo	tie		tang	teng	tong	ting	tiao		tian			tui	tuan		tun				
n	nai	nei	nao	nou	nan	nen			nuo	nie	nüe	nang	neng	nong	ning	niao	niu	nian	nin			nuan				niang		
l	lai	lei	lao	lou	lan		lia		luo	lie	lüe	lang	leng	long	ling	liao	liu	lian	lin			luan		lun		liang		
g	gai	gei	gao	gou	gan	gen		gua	guo			gang	geng	gong						guai	gui	guan		gun			guang	
k	kai	kei	kao	kou	kan	ken		kua	kuo			kang	keng	kong						kuai	kui	kuan		kun			kuang	
h	hai	hei	hao	hou	han	hen		hua	huo			hang	heng	hong						huai	hui	huan		hun			huang	
j							jia			jie	jue				jing	jiao	jiu	jian	jin				juan		jun	jiang		jiong
q							qia			qie	que				qing	qiao	qiu	qian	qin				quan		qun	qiang		qiong
x							xia			xie	xue				xing	xiao	xiu	xian	xin				xuan		xun	xiang		xiong
z	zai	zei	zao	zou	zan	zen			zuo			zang	zeng	zong							zui	zuan		zun				
c	cai	cei	cao	cou	can	cen			cuo			cang	ceng	cong							cui	cuan		cun				
s	sai		sao	sou	san	sen			suo			sang	seng	song							sui	suan		sun				
zh	zhai	zhei	zhao	zhou	zhan	zhen		zhua	zhuo			zhang	zheng	zhong						zhuai	zhui	zhuan		zhun			zhuang	
ch	chai		chao	chou	chan	chen		chua	chuo			chang	cheng	chong						chuai	chui	chuan		chun			chuang	
sh	shai	shei	shao	shou	shan	shen		shua	shuo			shang	sheng							shuai	shui	shuan		shun			shuang	
r			rao	rou	ran	ren		rua	ruo			rang	reng	rong							rui	ruan		run				

练 习 Exercises

一 读下面的音节 Read the following syllables

bǎi（百）	fēi（飞）	māo（猫）	dōu（都）	fàn（饭）
rén（人）	tāng（汤）	lěng（冷）	hóng（红）	jiā（家）
niǎo（鸟）	xiě（写）	niú（牛）	qián（钱）	jìn（进）
liǎng（两）	qǐng（请）	qióng（穷）	huā（花）	zuò（坐）
shuài（帅）	shuǐ（水）	suān（酸）	kùn（困）	chuáng（床）
qù（去）	xué（学）	xuǎn（选）	jūn（军）	èr（二）

二 先大声读下面的音节，然后辨音
First read the following syllables aloud, then distinguish the syllables

（一）　cāi　cái　cǎi　cài　　　shōu　shóu　shǒu　shòu

　　　tāng　táng　tǎng　tàng　　jiāo　jiáo　jiǎo　jiào

　　　guō　guó　guǒ　guò　　　xuē　xué　xuě　xuè

（二）　1. ao / ou　　　　2. ai / ei　　　　3. ie / üe

táo tóu
zǎo zǒu
shāo shōu
gào gòu

mǎi měi
pài pèi
hāi hēi
lái léi

xiě xuě
jié jué
qiē quē
liè lüè

（三）　1. an / ang　　2. en / eng　　3. in / ing　　4. iang / iong

sān sāng
lán láng
mǎn mǎng
bàn bàng

fēn fēng
chén chéng
běn běng
hèn hèng

xīn xīng
mín míng
jǐn jǐng
bìn bìng

xiāng xiōng
qiáng qióng
jiǎng jiǒng

第二课　汉语拼音（二）

三 听与读 Listen and read

（一）　kāfēi（咖啡）　　cídiǎn（词典）　　dàxué（大学）

  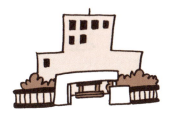

jīdàn（鸡蛋）　　píjiǔ（啤酒）　　xiāngjiāo（香蕉）

shítáng（食堂）　　shuǐguǒ（水果）　　xǐ zǎo（洗澡）

shǒujī（手机）　　shāngdiàn（商店）　　tiānqì（天气）

lánqiú（篮球）　　niúnǎi（牛奶）　　nǎiniú（奶牛）

yínháng（银行）　　chūzūchē（出租车）　　diànnǎo（电脑）

miànbāo （面包）   tiào wǔ （跳舞）   hùzhào （护照）

gōnggòng qìchē （公共汽车）   bàngōngshì （办公室）

（二）huār （花儿）   gàir （盖儿）   càidānr （菜单儿）

wánr （玩儿）   bīnggùnr （冰棍儿）   xiǎoháir （小孩儿）

guǒzhīr （果汁儿）   kāi ménr （开门儿）   huàr （画儿）

Daily Talk 日常用语

1	没关系。	Méi guānxi.	It doesn't matter.
2	多少钱?	Duōshao qián?	How much?
3	我听不懂。	Wǒ tīng bu dǒng.	I can't catch it.
4	请再说一遍。	Qǐng zài shuō yí biàn.	I beg your pardon.
5	明白了。	Míngbai le.	I got it.

第三课 Hànyǔ pīnyīn (sān)
汉语拼音（三）

一、轻声 The Neutral Tone

1. māma （妈妈 mother）   yéye （爷爷 grandfather）

jiějie （姐姐 elder sister）   bàba （爸爸 father）

2. zhuōzi （桌子 desk）   wǒmen （我们 we）

mántou （馒头 steamed bread）   mùtou （木头 wood）

3. xièxie （谢谢 thanks）   tīngting （听听 listen to）

第三课　汉语拼音（三）

kànkan（看看 have a look）

shìshi（试试 try）

4. chuānghu（窗户 window）

piányi（便宜 cheap）

yǎnjing（眼睛 eye）

tàiyang（太阳 sun）

5. duìbuqǐ（对不起 sorry）

zhǎo bu dào（找不到 can't find）

tīng de dǒng（听得懂 can understand）

chī bu wán（吃不完 can't eat up）

13

二、变调　　Tone Sandhi

1. 三声变调：一般两个第三声的字连在一起读时，前面的第三声读作"第二声"，即：ˇ + ˇ → ´ + ˇ。如：

Tonal modification of the third tone: In general, when two third tones are read connectedly, the first third is pronounced as a second tone, like ˇ + ˇ → ´ + ˇ. For example:

nǐ hǎo （你好）	→ ní hǎo	shuǐguǒ （水果）	→ shuíguǒ
kěyǐ （可以）	→ kéyǐ	liǎojiě （了解）	→ liáojiě

2. "一""不"变调 Tone sandhi of "一""不"

"一"读"yī"，但是如果"一"后面一个字的声调是第一、二、三声的话，"一"就读"yì"；如果后面一个字是第四声的话，"一"就读"yí"，如：

"一" is pronounced as "yī". However when the following tone is the first, second or third tone, the original "yī" is pronounced as the fourth tone "yì". When the following syllable is the fourth tone, then "yī" is pronounced as the second tone. For example:

yī tiān （一天 one day）	→ yì tiān
yī nián （一年 a year）	→ yì nián
yī wǎn （一晚 one night）	→ yì wǎn
yī kuài （一块 one yuan）	→ yí kuài

"不"读"bù"，如果后面的字是第一、二、三声的话，还读"bù"，但是如果后面一个字是第四声的话，就读"bú"，如：

If the tone after "bù" is the first, second and third tone, "bù" remains the same tone; however, if the tone after "bù" is the fourth tone, "bù" is pronounced as "bú". For example:

bù gāo （不高 not tall）	→ bù gāo
bù nán （不难 not difficult）	→ bù nán
bù hǎo （不好 not good）	→ bù hǎo
bù màn （不慢 not slow）	→ bú màn

三、拼写规则　　Rules of Spelling

1. zhi chi shi ri zi ci si 的韵母为"i"

    The finals of zhi chi shi ri zi ci si are "i"

2. i 开头的韵母，前面没有声母时，写成：

    Finals beginning with i without initials are written as:

    yi　ya　ye　yao　you　yan　yin　yang　ying　yong

3. u 开头的韵母，前面没有声母时，写成：

    Finals beginning with u without initials are written as:

    wu　wa　wo　wai　wei　wan　wen　wang　weng

4. 韵母 ü，üe 和声母 l，n 相拼，ü 的两点保留，如：

    ü and üe are combined with l and n, the two dots on the ü are remained, for example:

    lü, nü, lüe, nüe

    ü 及以 ü 开头的韵母和声母 j，q，x 相拼，ü 一律写成 u，如：

    When ü and finals beginning with ü are combined with j, q and x, ü is all written as u, for example:

    ju, quan, xue

5. ü 开头的韵母，前面没有声母时，ü 上的两点省略，写成：

    When the finals beginning with ü without initials, the two dots on the ü are omitted, these are written as:

    yu　yue　yuan　yun

6. iou uei uen 前面有声母时，写成：iu ui un。如：

    When iou uei uen are preceded by initials, they are written as: iu ui un. For example:

    niu　liu　gui　hun

7. 声调的调号标在音节的主要元音上，顺序一般为"a o e i u ü"，如果调号在 i 上时，i 上的点儿省略。如：

    Tone marks are marked on the main vowels of the syllable, and the order normally as "a o e i u ü", when the tone mark is on an i, the dot on the i should be omitted. For example:

    kāi　zhǎo　tiào　guā　tiē　zǒu　gěi　xué　duō　lüè　jìn　tīng

iu, ui 这两个韵母，应该标注在后面的 u 或 i 上。如：

For the finals iu and ui, the tone marks should be placed on the latter u or i. For example:

diū   huì

练习 Exercises

一 读下面的音节 Read the following syllables

（一）　mèimei （妹妹）　　nǎinai （奶奶）　　tāmen （他们）
　　　júzi （橘子）　　　kànkan （看看）　　dòufu （豆腐）
　　　dōngxi （东西）　　péngyou （朋友）　nuǎnhuo （暖和）
　　　xiūxi （休息）　　　xuésheng （学生）　xǐhuan （喜欢）
　　　piàoliang （漂亮）　tīng bu dǒng （听不懂）

（二）1. wǔ diǎn （五点）　yěxǔ （也许）　　fǔdǎo （辅导）
　　　nǎlǐ （哪里）　　shǒubiǎo （手表）

　　 2. yì zhōu （一周）　yì jīn （一斤）　　yì píng （一瓶）
　　　yì zhǒng （一种）　yìqǐ （一起）
　　　yígòng （一共）　　yíhuìr （一会儿）　yí cì （一次）
　　　yí jiàn （一件）　　yí jù （一句）

　　 3. bù chī （不吃）　　bù xíng （不行）　bù mǎi （不买）
　　　bù zhǔn （不准）　　bù zǎo （不早）
　　　bú qù （不去）　　　bú mài （不卖）　　bú là （不辣）
　　　bú duì （不对）　　　bú zài （不在）

二 标出下面词语中的"一（yī）""不（bù）"的变调，并大声读出来

Mark the tones of 一（yī）and 不（bù）when reading connectedly and read it aloud

yi mǐ	yi zhāng	yi gòng	yi xià
yi pán	yi lù	yi běn	yi huìr
bu suān	bu míngbai	bu xiǎo	bu kuài
bu guì	bu néng	bu cuò	bu dà

三　正确拼写下面的音节 Spell the following syllables correctly

ī → ( )	ǔ → ( )	ǔ → ( )
iá → ( )	uǒ → ( )	üè → ( )
iǎn → ( )	uā → ( )	üǎn → ( )
iào → ( )	uài → ( )	ǘn → ( )
ioǔ → ( )	ueí → ( )	jǔ → ( )
īn → ( )	ùen → ( )	qù → ( )
íng → ( )	uàn → ( )	xū → ( )
iòng → ( )	uàng → ( )	xuǎn → ( )

Daily Talk 日常用语

1	太贵了！	Tài guì le!	It's too expensive!
2	便宜(一)点儿吧！	Piányi (yì) diǎnr ba!	Can it be cheaper?
3	请等一会儿。	Qǐng děng yíhuìr.	Please wait for a while.
4	这是什么？	Zhè shì shénme?	What's this?
5	厕所在哪儿？	Cèsuǒ zài nǎr?	Where is the toilet?

第四课 Nǐ jiào shénme míngzi?
你叫什么名字？

（一）

（开学第一天，在校园里 The first day of classes, on campus）

杰　夫：　你好！
Jiéfū:　　Nǐ hǎo!

安　妮：　你好！
Ānnī:　　Nǐ hǎo!

杰　夫：　我叫杰夫。你叫什么名字？
Jiéfū:　　Wǒ jiào Jiéfū. Nǐ jiào shénme míngzi?

安　妮：　我叫安妮。
Ānnī:　　Wǒ jiào Ānnī.

第四课 你叫什么名字？ 4

（二）

（在教室里 In the classroom）

田老师： 你们好！我姓田。
Tián lǎoshī: Nǐmen hǎo! Wǒ xìng Tián.

安妮：
杰夫： 您好！田老师！
Ānnī:
Jiéfū: Nín hǎo! Tián lǎoshī!

田老师： （对杰夫说 To Jeff）你叫什么名字？
Tián lǎoshī: Nǐ jiào shénme míngzi?

杰夫： 我叫杰夫。
Jiéfū: Wǒ jiào Jiéfū.

田老师： （对安妮说 To Annie）你呢？
Tián lǎoshī: Nǐ ne?

安妮： 我叫安妮。
Ānnī: Wǒ jiào Ānnī.

（三）

（在教室外 Outside the classroom）

王　平：　你们好！
Wáng Píng:　Nǐmen hǎo!

杰　夫：
安　妮：　你好！

Jiéfū:
Ānnī:　Nǐ hǎo!

杰　夫：　你叫什么名字？
Jiéfū:　Nǐ jiào shénme míngzi?

王　平：　我叫王平，是中国人。你们是……？
Wáng Píng:　Wǒ jiào Wáng Píng, shì Zhōngguórén. Nǐmen shì……?

安　妮：　我们是留学生。我叫安妮，他叫杰夫。
Ānnī:　Wǒmen shì liúxuéshēng. Wǒ jiào Ānnī, tā jiào Jiéfū.

（四）

（杰夫对王平说 Jeff says to Wang Ping）

我叫杰夫，她叫安妮。我们都是留学生。我们的老师姓田。

Wǒ jiào Jiéfū, tā jiào Ānnī. Wǒmen dōu shì liúxuéshēng. Wǒmen de lǎoshī xìng Tián.

注　释　Notes

1. 你好！

见面时的问候语。第一次见面或平时见面时都可以用，回答是"你好"或"您好"等。

A greeting for meeting, which can be used for the first meeting or in ordinary time. The response is also "你好" or "您好".

2. 你叫什么名字？

问对方的姓名，一般不用于比自己年长或比自己地位高的人。回答是："我叫……"或"我是……"。常常是连名带姓一起回答。

The question is used to ask someone's full name, but not for those elder or superior. The answer is "我叫……" (My name is...) or "我是……" (I am...), usually by giving both the surname and the given name.

3. 你呢？

"呢"表示疑问的语气。在一定的上下文中，前边可以只有一个名词或代词成分，不出现疑问词。如："我是中国人，你呢？"其中的"你呢"意思是："你是哪国人？"。复数时可以说："你们呢？""他们呢？"

The particle "呢" is used to indicate the interrogative tone. In the certain context, a noun or pronoun can precede it for making an elliptical question. For example: "我是中国人，你呢？""你呢" means "你是哪国人？". The plural is: "你们呢？""他们呢？"

练习 Exercises

一 发音练习 Pronunciation practice

1. 辨音练习 Distinguish the following syllables

   ① an ian ② in ing ③ e uo ou ④ ie üe ⑤ ei en eng

2. 单音节练习 One-syllable practice

   ān zhōng tā míng xué tián nǐ dōu xìng wáng

3. 多音节练习 Polysyllable practice

   shénme wǒmen míngzi nǐmen nǐ hǎo nín hǎo lǎoshī

4. 绕口令 A tongue twister

   > Dùzi bǎo le,　　　肚子饱了，
   > Tùzi pǎo le.　　　兔子跑了。

二 用正确的语调朗读下面的句子
Read the following sentences with a correct intonation

1. 你好！
2. 你们好！
3. 你叫什么名字？

4. 您好！田老师！

5. 我姓田。你呢？

6. 我叫王平，是中国人。

7. 你们是……？

三 替换练习 Substitution

1. 你好！

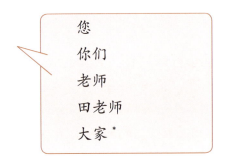

2. 我叫杰夫。

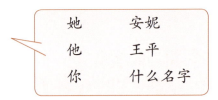

3. 我是中国人。

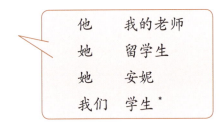

4. 我叫杰夫，你呢？

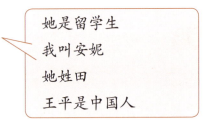

5. 我姓田。

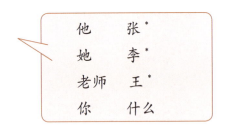

6. 我们都是留学生。

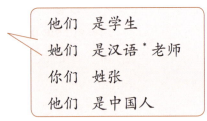

四 选出最合适的应答句 Choose the correct answer

1. 你好！
   - ☐ 你好！
   - ☐ 我好！
   - ☐ 好！

2. 你叫什么名字？
   - ☐ 叫杰夫名字。
   - ☐ 我叫杰夫。
   - ☐ 是杰夫。

3. 我叫杰夫，你呢？
   - ☐ 我是学生。
   - ☐ 我是中国人。
   - ☐ 我叫安妮。

4. 你们是……？
   - ☐ 我们是留学生。我叫安妮，他叫杰夫。
   - ☐ 我们是。

五 说出相应的上句 Ask the questions according to the following answers

1. 甲：_____？
   乙：我叫王平。

2. 甲：_____？
   乙：我姓张。

3. 甲：我是中国人，_____？
   乙：我是日本*人。

六 根据实际情况完成下面的一段话
Complete the following passage according to fact

你们好！我姓_____，叫_____，是_____。我的老师姓_____，叫_____。

七 用四句话在全班同学面前介绍你自己
Introduce yourself to your classmates in four sentences

第五课　Nǐ zài jǐ bān?　你在几班？

（一）

（在路上 On the way）

彼得：　早上好！

Bǐdé:　Zǎoshang hǎo!

安妮：　早！

Ānnī:　Zǎo!

彼得：　你叫什么名字？

Bǐdé:　Nǐ jiào shénme míngzi?

安妮：　我叫安妮，你呢？

Ānnī:　Wǒ jiào Ānnī, nǐ ne?

彼得：　我叫彼得。你是哪国人？

Bǐdé:　Wǒ jiào Bǐdé. Nǐ shì nǎ guó rén?

安妮：　我是美国人。你也是美国人吗？

Ānnī:　Wǒ shì Měiguórén. Nǐ yě shì Měiguórén ma?

彼　得：	不，我是法国人。
Bǐdé:	Bù, wǒ shì Fǎguórén.

（二）

（杰夫走过来 Jeff comes over）

安　妮：	杰夫，你好！
Ānnī:	Jiéfū, nǐ hǎo!
杰　夫：	你好，安妮！他是谁？
Jiéfū:	Nǐ hǎo, Ānnī! Tā shì shéi?
安　妮：	他叫彼得，法国人。
Ānnī:	Tā jiào Bǐdé, Fǎguórén.
杰　夫：	你好，彼得！我叫杰夫！
Jiéfū:	Nǐ hǎo, Bǐdé! Wǒ jiào Jiéfū!
彼　得：	你好！你是英国人吗？
Bǐdé:	Nǐ hǎo! Nǐ shì Yīngguórén ma?
杰　夫：	对。你多大？
Jiéfū:	Duì. Nǐ duō dà?
彼　得：	我十九岁。你呢？
Bǐdé:	Wǒ shíjiǔ suì, Nǐ ne?
杰　夫：	我二十岁。你在几班？
Jiéfū:	Wǒ èrshí suì. Nǐ zài jǐ bān?
彼　得：	一班。你们呢？
Bǐdé:	Yī bān. Nǐmen ne?
安　妮：	我在二班。
Ānnī:	Wǒ zài èr bān.
杰　夫：	我也在二班。
Jiéfū:	Wǒ yě zài èr bān.

（三）

（彼得说 Peter says）

我是法国人，今年十九岁。安妮是美国人，杰夫是英国人。我在一班，他们都在二班。

Wǒ shì Fǎguórén, jīnnián shíjiǔ suì. Ānnī shì Měiguórén, Jiéfū shì Yīngguórén. Wǒ zài yī bān, tāmen dōu zài èr bān.

注 释 Notes

1. 早上好！早！

早上（一般在上午十点以前）见面时的打招呼用语，有时也说"早晨好"或"你（您）早"，对方回答也是"早上好""早晨好"或"你（您）早"。

A greeting is usually used in early morning before 10 am; "早晨好" or "你（您）早" are used sometimes. The answer is also "早上好" "早晨好" or "你（您）早".

2. 你多大？

"多大"用来问别人的年龄，但一般不用于问比自己大的人。也常说："多大了？"

"多大" is used to ask someone's age, but not those older than you. "多大了" is also frequently used.

3. 你在几班？

"几"是疑问词，问比较少的数量，一般是比十小的数量。

"几" is an interrogative word, used to ask about the small amount, usually about a amount within ten.

4. 百以内的数字

1	2	3	4	5	6	7	8	9	10
一	二	三	四	五	六	七	八	九	十
yī	èr	sān	sì	wǔ	liù	qī	bā	jiǔ	shí

11	12	13	14	15	16	17	18	19
十一	十二	十三	十四	十五	十六	十七	十八	十九
shíyī	shí'èr	shísān	shísì	shíwǔ	shíliù	shíqī	shíbā	shíjiǔ

20	21	22	31	39	40	50
二十	二十一	二十二	三十一	三十九	四十	五十
èrshí	èrshíyī	èrshí'èr	sānshíyī	sānshíjiǔ	sìshí	wǔshí

99	100
九十九	一百
jiǔshíjiǔ	yìbǎi

练习 Exercises

一 发音练习 Pronunciation practice

1. 辨音练习 Distinguish the following syllables

   ① ie ian   ② an ai   ③ ji shi   ④ e er   ⑤ ui (uei) uo

2. 单音节练习 One-syllable practice

   bān zǎo duō suì duì yě zài shéi yī jǐ bù

3. 多音节练习 Polysyllable practice

   zǎoshang   èr bān   jīnnián   Fǎguó   èrshíwǔ

4. 听听哪个对 Listen and choose the correct syllables

一班 yī bān	他们 tāmen	美国 Měiguó	留学生 liúxuéshēng
yí bān	tāmen	Mèiguó	liūxuésheng
yī bān	tēmén	Méiguó	liúxuéshēng

什么 shēnme	老师 lǎoshī	我们 wómen	名字 míngzi
shènme	lǎoshī	wǒmen	mīngzì
shénme	láoshì	wòmen	mǐngzi

5. 绕口令 A tongue twister

Sì shì sì,	四是四，
Shí shì shí,	十是十，
Shísì shì shísì,	十四是十四，
Sìshí shì sìshí,	四十是四十，
Sìshí bú shì shísì,	四十不是十四，
Shísì bú shì sìshí.	十四不是四十。

二 用正确的语调朗读下面的句子
Read the following sentences with a correct intonation

1. 早上好!
2. 你是哪国人?
3. 你也是美国人吗?
4. 他是谁?
5. 你多大?
6. 我十九岁,你呢?
7. 你在几班?
8. 我在二班。

三 替换练习 Substitution

1. <u>早上</u>好!

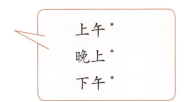

上午 *
晚上 *
下午 *

2. 我是<u>美国</u>人。

中国
英国
日本
韩国 *
法国
德国 *

3. <u>我</u>今年<u>十九</u>岁。

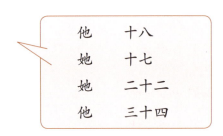

他　十八
她　十七
她　二十二
他　三十四

4. <u>我</u>　在　<u>二</u>班。

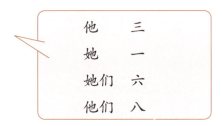

他　　三
她　　一
她们　六
他们　八

四 选出最合适的应答句 Choose the correct answer

1. 你也是美国人吗?
   ☐ 我也。
   ☐ 对,我是。
   ☐ 也是。

2. 他是谁?
   ☐ 他是学生。
   ☐ 他是美国人。
   ☐ 他是我的老师。

3. 你多大？
　　☐ 我是二十岁。
　　☐ 我二十岁。
　　☐ 是二十岁。

4. 你在几班？
　　☐ 三班。
　　☐ 三。

五 说出相应的上句 Ask the questions according to the following answers

1. 甲：_____！
   乙：早上好！

2. 甲：_____？
   乙：我是日本人。

3. 甲：_____？
   乙：不，我不是中国人。

4. 甲：_____？
   乙：我今年二十一岁。

5. 甲：_____？
   乙：我也在二班。
   甲：我们都在二班。

六 看图并仿照例子对话

Look at the pictures and make conversations according to the following example

例：甲：杰夫是哪国人？
　　乙：他是英国人。
　　甲：他在几班？
　　乙：他在二班。
　　甲：他今年多大？
　　乙：二十岁。

安妮，女*，美国人，19岁，二班

彼得，男*，法国人，19岁，一班

山田，男，日本人，21岁，二班

七 根据实际情况完成下面的一段话

Complete the following passage according to fact

早上好！我叫_____，我是_____人，今年_____岁。我在_____班。

八 用第四课和第五课的表达方法介绍你的同学或者朋友
Introduce your classmates or friends by using the expressions in Lesson Four and Five

九 练习数字的游戏 A game of counting numbers

> 同学们围坐在一起，有一个人随便说一个 10 以下的数字，右边的人顺次说下一个数字（范围在一百以内），遇到带 7 或 7 的倍数的数，不能说出来，要拍一下手来代替。速度要快。错了的人罚唱一首歌，然后再由唱歌的人重新开始说。
>
> All the students sit in a circle. One of them chooses and says a numeral within 10. The student next to him/her on the right says the numeral following it. when encountering a numeral with 7, or a multiple of 7, one must clap instead of saying it, which has to be done quickly. Whoever makes a mistake has to sing a song and then restart the game from a numeral within 10.

你知道吗？ Do You Know？（1）

中国人的姓名

中国人的姓大多是单姓，即用一个汉字来表示，最常用的有："张 Zhāng、李 Lǐ、赵 Zhào、刘 Liú、王 Wáng、郭 Guō、杨 Yáng、高 Gāo、周 Zhōu、钱 Qián、吴 Wú、陈 Chén"等等。也有用两个汉字表示的姓，叫复姓，常见的如："欧阳 Ōuyáng、司马 Sīmǎ、东方 Dōngfāng、上官 Shàngguān"等等。中国人姓名的排列次序是：姓在前名在后，如："王平""赵大明""欧阳玉青"等。孩子一般还有小名，多用两个重叠的字，如："明明""兰兰"等，或在名字的后一个字前面加上一个"小"字，如："小青""小明"等。名字所用的字，都有一定的含义。

Chinese Names

Chinese surnames are mostly one-character names. The most common ones are Zhang, Li, Zhao, Liu, Wang, Guo, Yang, Gao, Zhou, Qian, Wu, Chen and so on. There are also two-character surnames called compound surnames. The common ones are Ouyang, Sima, Dongfang, Shangguan and so on. In Chinese names, the surname always comes first and the given name second, for example, "Wang Ping" "Zhao Daming" "Ouyang Yuqing". Children are often given pet names, mostly composed of reduplicated characters, such as "Mingming" "Lanlan" ... or with the word "xiao" preceding the last word of the name, such as "Xiaoqing" "Xiaoming" and so on. The characters used in given names often have some special meaning.

第六课 现在几点？
Xiànzài jǐ diǎn?

（一）

（早上，在宿舍 Morning, in the dormitory）

安妮： 丽莎，现在几点？
Ānnī: Lìshā, xiànzài jǐ diǎn?

丽莎： 七点半。
Lìshā: Qī diǎn bàn.

安妮： 今天星期几？
Ānnī: Jīntiān xīngqījǐ?

丽莎： 星期二。
Lìshā: Xīngqī'èr.

安妮： 今天八点我没有课。
Ānnī: Jīntiān bā diǎn wǒ méiyǒu kè.

（二）

（课间休息 Break during class）

彼 得： 安妮，明天你有课吗？
Bǐdé: Ānnī, míngtiān nǐ yǒu kè ma?

安 妮： 有。
Ānnī: Yǒu.

彼 得： 几点上课？
Bǐdé: Jǐ diǎn shàng kè?

安 妮： 上午从八点到九点五十分上口语课。你呢？
Ānnī: Shàngwǔ cóng bā diǎn dào jiǔ diǎn wǔshí fēn shàng kǒuyǔkè. Nǐ ne?

彼 得： 明天上午我没有课。
Bǐdé: Míngtiān shàngwǔ wǒ méiyǒu kè.

安 妮： 现在几点？
Ānnī: Xiànzài jǐ diǎn?

彼 得： 差两分九点。
Bǐdé: Chà liǎng fēn jiǔ diǎn.

安 妮： 你该上课了，再见！
Ānnī: Nǐ gāi shàng kè le, zàijiàn!

彼 得： 再见！
Bǐdé: Zàijiàn!

（三）

（安妮说 Annie says）

今天是星期二，我八点没有课。明天从早上八点到九点五十有口语课。

Jīntiān shì xīngqī'èr, wǒ bā diǎn méiyǒu kè. Míngtiān cóng zǎoshang bā diǎn dào jiǔ diǎn wǔshí yǒu kǒuyǔkè.

注释 Notes

1. 时间表示法

1:00	一点 one o'clock
	yī diǎn
1:05	一点零五分（一点五分） five past one (one five)
	yī diǎn líng wǔ fēn（yī diǎn wǔ fēn）
1:15	一点一刻（一点十五分） a quarter past one (one fifteen)
	yī diǎn yī kè（yī diǎn shíwǔ fēn）
1:30	一点半（一点三十分） half past one (one thirty)
	yī diǎn bàn（yī diǎn sānshí fēn）
1:45	一点三刻（一点四十五分）（差一刻两点） one forty five (a quarter to two)
	yī diǎn sān kè（yī diǎn sìshíwǔ fēn）（chà yī kè liǎng diǎn）
1:55	一点五十五分（差五分两点）（两点差五分） one fifty five (five to two)
	yī diǎn wǔshíwǔ fēn（chà wǔ fēn liǎng diǎn）（liǎng diǎn chà wǔ fēn）

2. 今天星期几？

一个星期有七天，分别是：星期一、星期二、星期三、星期四、星期五、星期六、星期天或星期日。

There are seven days in a week: Monday, Tuesday, Wednesday, Thursday, Friday, Saturday and Sunday.

3. 上午从八点到九点五十分上口语课

"从……到"可以表示时段，如："从八点到九点""从昨天到今天""从十岁到十五岁"；也可以表示距离，如："从北京到上海""从这儿到那儿"等。

The expression "从……到" can be used to express a duration of time, for example, "从八点到九点""从昨天到今天""从十岁到十五岁"；it can also be used to express a distance, for example, "从北京到上海""从这儿到那儿", and so on.

4. "二"和"两"

"二"和"两"都表示"2"，说数目时用"二"，如："一、二、三、四"；量词前面用"两"，如："两个人""两点""两天"；十以上百以内数中的"2"一般用"二"，如："十二个人""二十二点""三十二天"，不用"两"。

The words "二" and "两" both mean "two". "二" is used in counting numbers: one two three four; while "两" must be followed by a measure word, such as "两个人","两点","两天". For number between ten to a hundred, "二" is often used instead of "两", for example：

十二个人　　二十二点　　三十二天

5. 你该上课了

"该……了"表示按照时间或常理应该这样。如：
The expression "该……了" means "it is time to do something". For example:

（1）我饿了，该吃饭了。
（2）现在 12 点，该睡觉了。

练习 Exercises

一 发音练习 Pronunciation practice

1. 辨音练习 Distinguish the following syllables

   ① an　ang　② ou　ong　③ en　eng　④ i　ü　⑤ ke　kuo

2. 单音节练习 One-syllable practice

   diǎn　bàn　qī　yǒu　kè　shàng　méi　chà　jiǔ　gāi　cóng

3. 多音节练习 Polysyllable practice

   xiànzài　sùshè　méiyǒu　shàngwǔ　kǒuyǔ　xīngqī'èr

4. 听听哪个对 Listen and choose the correct phonetics

几点 jì diàn	今天 jìntián	上课 sháng kē	口语课 kǔyùkè
jí diàn	jīntiān	shēng gè	kǒuyǔkè
jǐ diǎn	jíntián	shàng kè	kòuyúkè
明天 míngtiān	再见 zǎijìn	哪国人 nà guó rén	七点半 qì diàn bàn
mīngtián	zàijìn	nǎ guó rèn	qī tiān bàn
mìngtiān	zàijiàn	nǎ guó rén	qī diǎn bàn

5. 绕口令 A tongue twister

   > Chī pútao bù tǔ pútao pír,　　吃葡萄不吐葡萄皮儿，
   > Bù chī pútao dào tǔ pútao pír.　　不吃葡萄倒吐葡萄皮儿。

二 熟读下边的两组双音节词，注意重音的位置
Read the following dissyllables, paying attention to the position of the stress

1. 前重后轻 Stress on the first syllable

   名字　你们　我们　他们　早上　晚上　什么

2. 前轻后重 Stress on the second syllable

今天 明天 老师 今年 八点 上午 上课 现在

三 听与读 Listen and read

床前明月光，　　Chuáng qián míngyuè guāng,
疑是地上霜。　　Yí shì dì shàng shuāng.
举头望明月，　　Jǔ tóu wàng míngyuè,
低头思故乡。　　Dī tóu sī gùxiāng.

四 用正确的语调朗读下面的句子
Read the following sentences in correct intonation

1. 现在几点？
2. 今天星期几？
3. 今天八点我没有课。
4. 明天你有课吗？
5. 几点上课？
6. 差两分九点。
7. 你该上课了。
8. 再见！

五 替换练习 Substitution

1. 现在七点半。

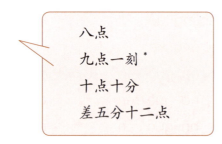

八点
九点一刻*
十点十分
差五分十二点

2. 今天星期二。

一
四
六
天

3. 我没有课。

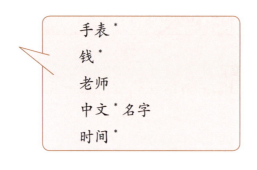

手表*
钱*
老师
中文*名字
时间*

4. 从八点到九点五十分上口语课。

两点　三点五十分　汉语
十点　十一点　　　听力*
十点　十二点　　　汉字*

5. 该<u>上课</u>了。

> 下课*
> 吃饭*
> 起床*
> 睡觉*

六 选出最合适的应答句 Choose the correct answer

1. 现在几点？
   ☐ 二点。
   ☐ 两点。

2. 今天星期几？
   ☐ 星期二。
   ☐ 星期两。

3. 明天你有课吗？
   ☐ 不有课。
   ☐ 没有课。

七 两个人一组看图说话 Make conversations according to the pictures in pairs

1. 甲：现在几点？
   乙：＿＿＿＿＿＿＿＿＿＿，该＿＿＿＿＿＿＿＿＿＿＿＿了。

起床（qǐ chuáng）　　吃早饭（chī zǎofàn）　　上课（shàng kè）

打网球（dǎ wǎngqiú）

看电视（kàn diànshì）

洗澡（xǐ zǎo）　　　　　　　　　　　　睡觉（shuì jiào）

2. 甲：现在是北京时间_____，_____现在几点？

　　乙：_____。

北京 Běijīng　　　　　纽约 Niǔyuē （New York）　　　巴黎 Bālí （Paris）

东京 Dōngjīng （Tokyo）　伦敦 lúndūn（London）　　首尔 Shǒu'ěr（Seoul）

八　根据实际情况完成下面的一段话

Complete the following passage according to fact

明天是星期_____，上午从_____到_____有_____课，下午没有_____。

第六课 现在几点?

上课时间

上午	第一节	8:00-8:50
	第二节	9:00-9:50
	第三节	10:10-11:00
	第四节	11:10-12:00
下午	第五节	13:00-13:50
	第六节	14:00-14:50
	第七节	15:10-16:00
	第八节	16:10-17:00
	第九节	17:10-18:00
晚上	第十节	18:40-19:30
	第十一节	19:40-20:30
	第十二节	20:40-21:30

第七课 Shítáng zài nǎr?
食堂 在 哪儿？

（一）

（在教学楼 At the teaching building）

安妮： 请问，三班的教室在这儿吗？
Ānnī: Qǐngwèn, sān bān de jiàoshì zài zhèr ma?

朴志永： 对，在这儿。
Piáo Zhìyǒng: Duì, zài zhèr.

安妮： 谢谢你。
Ānnī: Xièxie nǐ.

朴志永： 不用谢。
Piáo Zhìyǒng: Búyòng xiè.

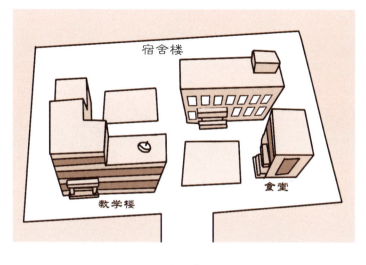

（二）

山　田：	请问，留学生食堂在哪儿？
Shāntián:	Qǐngwèn, liúxuéshēng shítáng zài nǎr?
一学生：	在那儿。
Yī xuésheng:	Zài nàr.
山　田：	在哪边？
Shāntián:	Zài nǎ biān?
一学生：	留学生宿舍的旁边。
Yī xuésheng:	Liúxuéshēng sùshè de pángbiān.
山　田：	谢谢！
Shāntián:	Xièxie!

（三）

（在教学楼 At the teaching building）

一学生：	请问，厕所在哪儿？
Yī xuésheng:	Qǐngwèn, cèsuǒ zài nǎr?
杰　夫：	在这个教室的右边。……不对，在那个教室的左边。
Jiéfū:	Zài zhè ge jiàoshì de yòubian. ……Bú duì, zài nà ge jiàoshì de zuǒbian.
一学生：	谢谢！
Yī xuésheng:	Xièxie!

杰　夫：　　　　不用谢。
Jiéfū:　　　　　Búyòng xiè.

（四）

（杰夫说 Jeff says）

这是我们的学校。我们的学校很大。这是我们上课的地方，那是留学生宿舍。食堂在宿舍的旁边。

Zhè shì wǒmen de xuéxiào. Wǒmen de xuéxiào hěn dà. Zhè shì wǒmen shàng kè de dìfang, nà shì liúxuéshēng sùshè. Shítáng zài sùshè de pángbiān.

注　释　Notes

1. 请问

询问时的客气语。如：
Used to inquire something politely. For example:
（1）请问，教室在哪儿？
（2）请问， 现在几点？

2. 不用谢

"不用谢"是对"谢谢"的回答，"不用"表示不需要。如：
"不用谢" is used in response to "谢谢"。"不用" means it is not necessary. For example:
（1）我知道了，你不用说了。
（2）你不用担心。

3. 简单方位词：旁边、左边、右边

常用在名词的后面表示方位，比如："银行的旁边、教室的左边、杰夫的右边"。常见的简单方位词还有："上边、下边、前边、后边、里边、外边"等。在这些方位词中，"边"一般可以换成"面"。注意：不能说："桌子的旁"，只能说"桌子（的）旁边"或者"桌子旁"。

Often used to indicate location after a noun, for example, "银行的旁边、教室的左边、杰夫的右边". The simple nouns of location are as follows: "上边、下边、前边、后边、里边、外边" and so on, in which, "边" can be replaced by "面". Attention: you can only say "桌子（的）旁边"or" 桌子旁", "桌子的旁" is not correct.

4. 指示代词：这、那、哪

指示代词"这、那"分别表示近指、远指，"哪"在此课中表示疑问。"这、那、哪"用在量词或者数量词的前边时，口语里常常说成"zhèi, nèi, něi"。如：

The demonstrative pronouns "这、那" refer to near and far respectively. "哪" indicates interrogative tone in this lesson. When "这、那、哪" are used before classifiers or measure words, they are often pronounced as "zhèi, nèi, něi" in spoken Chinese. For example:

这本书　　那两个人　　哪辆自行车？

练习　Exercises

一　发音练习 Pronunciation drills

1. 辨音练习 Distinguish the following syllables
   ① si shi　② zhe zhuo　③ si su　④ zhao jiao　⑤ bang pang

2. 单音节练习 One-syllable drills
   táng　nǎr　wèn　zhèr　ge　hěn　zuǒ　lóu　xià

3. 多音节练习 Polysyllable drills
   qǐngwèn　jiàoshì　sùshè　pángbiān
   cèsuǒ　xuéxiào　dìfang　búyòng xiè

4. 听听哪个对？ Listen and choose the correct one

请问 qǐngwèn	右边 yǒubiàn	厕所 zèsuǒ	左边 zuǒbian
qíngwěn	yóubiān	cèsuǒ	zuòbian
qǐngwén	yòubian	cěsuǒ	zuóbian
旁边 pángbiān	教室 qiáoshǐ	学校 xiéxiǎo	地方 dīfang
pàngbiān	jiàoshì	xuèxiào	dìfang
pángbian	jiǎoshī	xuéxiào	dífàng

5. 绕口令 A tongue twister

Héshang duān tāng shàng tǎ,	和尚端汤上塔，
Tǎ huá tāng sǎ,	塔滑汤洒，
Tāng tàng tǎ.	汤烫塔。

二 听与读 Listen and read

春眠不觉晓，　　Chūn mián bù jué xiǎo,
处处闻啼鸟。　　Chù chù wén tí niǎo.
夜来风雨声，　　Yè lái fēngyǔ shēng,
花落知多少。　　Huā luò zhī duōshǎo.

三 用正确的语调朗读下面的句子 Read the following sentences in correct intonation

1. 请问，三班的教室在这儿吗？
2. 谢谢你！
3. 不用谢。
4. 请问，留学生食堂在哪儿？
5. 请问，厕所在哪儿？
6. 我们的学校很大。
7. 食堂在宿舍的旁边。

四 替换练习 Substitution drills

1. 甲：请问，留学生食堂在哪儿？　乙：在那儿。

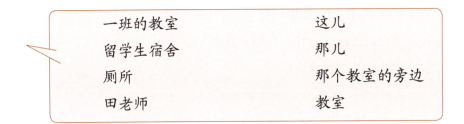

一班的教室	这儿
留学生宿舍	那儿
厕所	那个教室的旁边
田老师	教室

2. 食堂在宿舍的旁边。

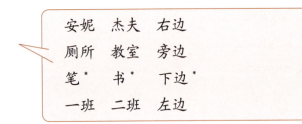

安妮	杰夫	右边
厕所	教室	旁边
笔*	书*	下边*
一班	二班	左边

3. 我们的学校 很 大。

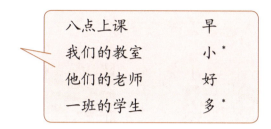

4. 这是我们上课的地方，那是留学生宿舍。

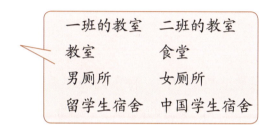

五 选出合适的应答句 Choose the correct answer

1. 请问，二班的教室在这儿吗？
   □ 在这儿。
   □ 这儿。

2. 谢谢你！
   □ 不谢谢！
   □ 不用谢！

3. 你们的学校大吗？
   □ 是大。
   □ 很大。

4. 男厕所在哪边？
   □ 在左边。
   □ 旁边。

六 找出下面 AB 句中有关联的上下句并读出来

link the two groups of sentences according to their meanings and read them aloud

A	B
谢谢！	在那个教室的旁边。
请问，厕所在哪儿？	我是中国人。
你是哪国人？	不用谢！
早上好！	对，我是从美国来的。
你叫什么名字？	我二十一岁。
你是留学生吗？	早上好！
你今年多大？	不，在那儿。
请问，留学生食堂在这儿吗？	我叫安妮。

七 参考使用下面的词语，看图说话

Make up conversations by using the following words according to the pictures

在　哪儿　这儿　那儿　旁边　左边　右边

八 游戏 A game

请一位同学到教室外边等一会儿，别的同学把教室中的一件东西藏在教室的一个地方。然后室外的同学进来，用"……在这儿吗"或"……在桌子的左边吗"这样的句式问同学们，别的同学只能回答"不"或"对"，直到找到藏的东西为止。全班也可以分两组进行比赛，看谁能最快地找到藏的东西。

Ask one of the students to wait outside the classroom, while other students hide an object somewhere in the classroom. Then the student will come in and ask questions by using sentence patterns such as "……在这儿吗" or "……在桌子的左边吗" Other students can only answer with "yes" or "no". The game will continue until the object is found. The class can also be divided into two groups, for competing for finding the object.

第八课 Yígòng duōshao qián? 一共多少钱?

（一）

（在留学生食堂 In the overseas students' cafeteria）

服务员： 你要哪个菜?
Fúwùyuán: Nǐ yào nǎ ge cài?

丽 莎： 我要这个。多少钱?
Lìshā: Wǒ yào zhè ge. Duōshao qián?

服务员： 七块五毛。
Fúwùyuán: Qī kuài wǔ máo.

山 田： 我要这个，还要那个。
Shāntián: Wǒ yào zhè ge, hái yào nà ge.

服务员： 还要哪个?
Fúwùyuán: Hái yào nǎ ge?

山 田： 那边，那个! 一共多少钱?
Shāntián: Nàbiān, nà ge! Yígòng duōshao qián?

服务员：	十五块四。
Fúwùyuán:	Shíwǔ kuài sì.

（二）

（在商店 At the shop）

杰 夫：	我要买这种自行车，什么颜色的好？
Jiéfū:	Wǒ yào mǎi zhèi zhǒng zìxíngchē, shénme yánsè de hǎo?
安 妮：	黑的怎么样？
Ānnī:	Hēi de zěnmeyàng?
杰 夫：	黑的好吗？我喜欢蓝色。
Jiéfū:	Hēi de hǎo ma? Wǒ xǐhuan lánsè.
安 妮：	请问，这种车有蓝的吗？
Ānnī:	Qǐngwèn, zhèi zhǒng chē yǒu lán de ma?
售货员：	哪种？
Shòuhuòyuán:	Nǎ zhǒng?
杰 夫：	这种。
Jiéfū:	Zhè zhǒng?
售货员：	有。蓝的、黑的都有。
Shòuhuòyuán:	Yǒu. Lán de、hēi de dōu yǒu.
杰 夫：	我要一辆蓝的。多少钱？
Jiéfū:	Wǒ yào yí liàng lán de. Duōshao qián?
售货员：	三百四。
Shòuhuòyuán:	Sān bǎi sì.

（三）

（杰夫说 Jeff says）

我要买一辆自行车。我看了黑的，也看了蓝的。我不喜欢黑的，我喜欢蓝的。我花了三百四十块钱，买了一辆蓝的。

Wǒ yào mǎi yí liàng zìxíngchē. Wǒ kànle hēi de, yě kànle lán de. Wǒ bù xǐhuan hēi de, wǒ xǐhuan lán de, Wǒ huāle sān bǎi sìshí kuài qián, mǎile yí liàng lán de.

注 释 Notes

1. 人民币的单位和读法

10.55 元	十元五角五分	在口语里说成：	十块五毛五（分）
0.12 元	一角二分	in oral Chinese:	一毛二（分）
2.05 元	两元零五分		两块零五分
2.10 元	两元一角		两块一（毛）
3.50 元	三元五角		三块五（毛）
150.00 元	一百五十元		一百五十块

2. 黑的、蓝的都有

"黑的、蓝的"在课文中分别表示"黑的自行车、蓝的自行车"。"的"后面省略了谈话双方共知的或已出现过的名词性成分。"的"用在形容词、名词、代词、动词等后面，可以代替上文所说的人或物。如：

"Black ones, blue ones" represent the black and blue bikes. The noun phrase after the word "的" is omitted because it is understood by both parties or it is being mentioned above. The word "的" following an adjective, a noun, a pronoun, or a verb represents someone or something mentioned above. For example:

（1）这两支笔一支是我的，一支是他的。
（2）我买点儿吃的。

3. 量词：个、辆、种

汉语的数词和名词之间一般需要一个量词。如：
There is often a measure word between a numeral and a noun. For example:

一个人   两辆车   三种颜色

4. 我买了一辆蓝的

"了"用在动词的后面，表示动作的完成。如：
The word "了" is placed after a verb, which indicates the accomplishment of the action. For example:

（1）昨天我去了天安门。

（2）明天下了课一起去吃饭吧。

练习 Exercises

一 发音练习 Pronunciation drills

1. 辨音练习 Distinguish the following syllables

   ① han huan ② shao shou ③ se su ④ lan nan ⑤ hai hei

2. 单音节练习 One-syllable drills

   yào máo liàng bǎi mǎi kàn huā qián sì

3. 多音节练习 Polysyllable drills

   yígòng yánsè duōshao lán de bù xǐhuan zìxíngchē

4. 听听哪个对？Listen and choose the correct one

喜欢 xǐhuan	黑色 huīsè	一共 yǐgōng	怎么样 zǎnmeyáng
xǐhuang	hēisè	yìgǒng	zhèmeyàng
xǐhuang	hěisè	yígòng	zěnmeyàng

5. 绕口令 A tongue twister

Yì rén zhòng shù,	一人种树，
Yì rén mǎi cù.	一人买醋。
Zhòng shù de shǔ shù,	种树的数数，
Mǎi cù de zǒu lù.	买醋的走路。

二 听与读 Listen and read

锄禾日当午，　　Chú hé rì dāng wǔ,
汗滴禾下土。　　Hàn dī hé xià tǔ.
谁知盘中餐，　　Shuí zhī pán zhōng cān,
粒粒皆辛苦。　　Lì lì jiē xīnkǔ.

三 用正确的语调朗读下面的句子 Read the following sentences in correct intonation

1. 你要哪个菜？

2. 多少钱？

3. 我要这个，还要那个。

4. 一共多少钱？

5. 十五块四。

6. 什么颜色的好？

7. 黑的怎么样？

8. 请问，这种车有蓝的吗？

9. 蓝的、黑的都有。

四 快速读出下面的钱数 Read the following money quickly

1. 0.21 元　　8.00 元　　　　9.10 元　　　　540.00 元
　 0.02 元　　5.80 元　　　　600.00 元　　　1702.30 元

五 看图进行买东西的对话
Make dialogues of shopping according to the following price

98.00 元 / 本 *(běn)

22.00 元 / 支 *(zhī)

268.00 元 / 双 *(shuāng)

432.00 元 / 辆 (liàng)

六 替换练习 Substitution drills

1. 你要哪 个 菜？

　　辆　车
　　种　笔
　　双　鞋*

2. 我要买这 种 自行车。

　　辆　自行车
　　本　书
　　种　笔
　　双　鞋
　　件* 衣服*

3. 黑的怎么样？

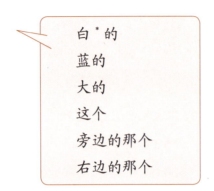

4. 我买了一辆蓝的自行车。

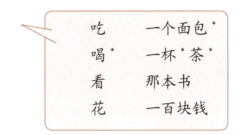

七 仿照例子进行扩展练习 Extended exercises according to the example

自行车
蓝色的自行车
一辆蓝色的自行车
买了一辆蓝色的自行车
花钱买了一辆蓝色的自行车
花四百块钱买了一辆蓝色的自行车
我花了四百块钱买了一辆蓝色的自行车

鞋

书

衣服

八 说出相应的上句 Ask questions accordingly

1. 甲：_____？
   乙：我要那件衣服，左边那件黑的。
2. 甲：_____？
   乙：这本书三十块钱。
3. 甲：_____？
   乙：这辆车很好。
4. 甲：_____？
   乙：这种鞋没有蓝的。
5. 甲：_____？
   乙：我买这件衣服花了两百块钱。

九 你们国家的国旗有几种颜色？是什么颜色？
How many and what colors are there in the national flag of your country?

十 游戏 A game

每个同学带一两件东西到课堂来，每件东西上挂一个牌子，写上东西的名称，标注拼音。在班里开一个临时小商店。两三个人一组分别扮演售货员和顾客的角色，进行买东西的对话。

Every student brings one or two items to the class, and labeled them both in Chinese characters and pinyin. Run a shop in class. Two or three students in a group play the roles of shop assistant and customer respectively, and make conversations of shopping.

第九课 Nǐ yǒu shénme shì? 你有什么事?

(一)

(在安妮的宿舍 In Annie's dormitory)

安妮: 杰夫,今天的作业我有一个问题,你看看。
Ānnī: Jiéfū, jīntiān de zuòyè wǒ yǒu yí ge wèntí, nǐ kànkan.

杰夫: 这个问题我也不懂。
Jiéfū: Zhè ge wèntí wǒ yě bù dǒng.

安妮: 我们问问老师吧。
Ānnī: Wǒmen wènwen lǎoshī ba.

杰夫: 你知道田老师的电话号码吗?
Jiéfū: Nǐ zhīdào Tián lǎoshī de diànhuà hàomǎ ma?

安妮: 我知道,她的办公室电话是64752018。
Ānnī: Wǒ zhīdào, tā de bàngōngshì diànhuà shì liù sì qī wǔ èr líng yāo bā.

杰夫: 我给老师打电话。
Jiéfū: Wǒ gěi lǎoshī dǎ diànhuà.

（杰夫打电话 Jeff calls）

安　妮：　田老师在吗？

Ānnī:　Tián lǎoshī zài ma?

（放下电话 put down the phone）

杰　夫：　她不在。

Jiéfū:　Tā bú zài.

（二）

（杰夫给王平打手机 Jeff gives Wang Ping a call）

杰　夫：　喂，是王平吗？

Jiéfū:　Wèi, shì Wáng Píng ma?

王　平：　是。

Wáng Píng:　Shì.

杰　夫：　王平，我是杰夫。明天晚上你有时间吗？

Jiéfū:　Wáng Píng, wǒ shì Jiéfū. Míngtiān wǎnshang nǐ yǒu shíjiān ma?

王　平：　有。你有什么事？

Wáng píng:　Yǒu. Nǐ yǒu shénme shì?

杰　夫：　明天是我的生日，一起玩儿玩儿吧！

Jiéfū:　míngtiān shì wǒ de shēngrì, yìqǐ wánrwanr ba!

王　平：　好。几点？在哪儿？

Wáng píng:　Hǎo. Jǐ diǎn? Zài nǎr?

杰　夫：　晚上六点半在我的宿舍。

Jiéfū:　wǎnshang liù diǎn bàn zài wǒ de sùshè.

王　平：　你住在哪儿？

Wáng píng:　Nǐ zhù zài nǎr?

杰　夫：　八号楼601。

Jiéfū:　Bā hào lóu liù líng yāo.

（三）

（王平说 Wang Ping says）

今天杰夫给我打了一个电话，说明天是他的生日。我要给他买一件礼物，祝他生日快乐。

Jīntiān Jiéfū gěi wǒ dǎle yí ge diànhuà, shuō míngtiān shì tā de shēngrì. Wǒ yào gěi tā mǎi yí jiàn lǐwù, zhù tā shēngrì kuàilè.

注　释　Notes

1. 看看 / 问问 / 玩儿玩儿

动词可以重叠，表示动作的时间很短或者表示动作比较轻松、随便，有时也表示尝试。单音节动词重叠的形式是"ＡＡ"，如："看看""说说"；双音节动词重叠的形式是"ＡＢＡＢ"，如："休息休息""介绍介绍"。重叠的动词一般不能作定语或状语。

Verbs can be reduplicated to indicate the briefness of the action, or the relaxed or casual nature of the action, sometimes it indicates a trial. One-syllable verbs are reduplicated in the form of "AA", for example: "看看" "说说"; Two-syllable verbs are reduplicated in the form of "ABAB", for example: "休息休息" "介绍介绍". Generally, the reduplicated verbs can't be used as attributes or adverbials.

2. 号码的读法

读号码直接读每个数字就行了，要注意的是，"１"在号码中常读作"yāo"，为的是清晰地区别"１"和"７"。如：

Read each numeral directly, but "1" is often read as "yāo", in order to distinguish "1" and "7". For example:

103 房间　　311 路公共汽车　　62750102

3. 喂，是王平吗？

这里的"喂"是打电话或接电话时打招呼的常用语，可以读作"wèi"，也常常读作"wéi"。
Here, "wei" is the common greeting when answering the phone, it is pronounced as "wèi" or "wéi".

4. 祝他生日快乐！

别人过生日时常说的祝福的话，如："祝你生日快乐！""祝"也常用在别的祝福的话前面。如：

The expression is often used to celebrate one's birthday. For example, "祝你生日快乐！" The word "祝" can also precede other blessings. For example:

（1）祝您身体健康！
（2）祝你旅行愉快！
（3）祝新年好！

练习 Exercises

一 发音练习 Pronunciation drills

1. 辨音练习 Distinguish the following syllables

   ① ti di ② zuo zou ③ hao hou ④ zhi chi shi ri

2. 单音节练习 One-syllable drills

   dǒng shì líng hào zhù dǎ shuō jiàn

3. 多音节练习 Polysyllable drills

   zuòyè shēngrì lǐwù bú zài yìqǐ kànkan wánrwanr dǎ diànhuà

4. 听听哪个对？Listen and choose the correct one

问题 wèntí	知道 chídào	快乐 kuàile	有时间 yóu shíjiàn
wéntǐ	zhìdǎo	guàile	yǒu shíjiān
wèndí	zhīdào	kuàilè	yòu shíjiàn

5. 绕口令 A tongue twister

   > Zhuō shang fàng ge pénr,　　桌上放个盆儿，
   > Pén li fàng ge píngr.　　　　盆里放个瓶儿。

二 听与读 Listen and read

鹅，鹅，鹅，　　　　É, é, é,
曲项向天歌。　　　　Qū xiàng xiàng tiān gē.
白毛浮绿水，　　　　Bái máo fú lǜ shuǐ,
红掌拨清波。　　　　Hóng zhǎng bō qīng bō.

三 用正确的语调朗读下面的句子 Read the following sentences in correct intonation

1. 你有什么事？
2. 我们问问老师吧。
3. 你知道田老师的电话号码吗？
4. 我给老师打电话。
5. 喂，是王平吗？
6. 明天晚上你有时间吗？
7. 一起玩儿玩儿吧！
8. 你住在哪儿？
9. 祝你生日快乐！

四 替换练习 Substitution drills

1. 你<u>问问</u> <u>老师</u>。

   看看　那本书
   说说　这件事
   打打　这个电话
   等*等　我

2. 你知道<u>田老师的电话号码</u>吗？

   他是谁
   留学生宿舍在哪儿
   他在几班
   王平的房间*号码

3. <u>明天晚上</u>你有时间吗？

   明天上午
   今天晚上六点
   星期六
   下午两点半

4. <u>杰夫</u>给<u>我打了一个电话</u>。

   他　　你买了一件礼物
   田老师　我们上口语课
   售货员　他看了一辆蓝色的自行车
   安妮　　我买了一个菜

五　看图完成对话 Complete the following dialogue according to the pictures

1. 甲：你的电话号码是多少？
   乙：_____！

2. 甲：你住在哪儿？
   乙：_____！

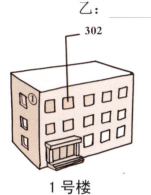 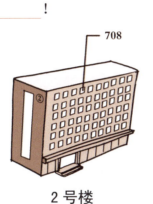 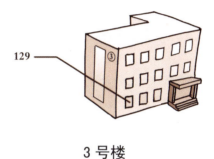

1号楼　　　　2号楼　　　　3号楼

3. 甲：你的生日是几月＊几号？
   乙：_____！

六　按正确的语序把下面的词语各组成一句话

Make up a sentence by putting the following words in correct word order

1. 今天　　作业　　没有　　老师说
2. 老师　　上午　　给我　　打了电话
3. 一件礼物　　他给我　　买了

4. 有时间　　吗　　星期天晚上　你
5. 在　　一班的教室　　明天八点　　上课

七 仿照例子，将相关的甲乙句用线连起来组成一段对话
According to the example, link the related sentences for making a dialogue

例：甲：早上好！　　　　　　　　　　　乙：早上好！
　　甲：你去上课吗？　　　　　　　　　乙：对。
　　甲：再见！　　　　　　　　　　　　乙：没时间。
　　甲：我也有课，一起去吧。　　　　　乙：好。
　　甲：什么时候有时间？　　　　　　　乙：下午。

1. 甲：今天有时间吗？　　　　　　　　乙：没时间。
　 甲：现在几点？　　　　　　　　　　乙：不知道。
　 甲：什么时候有时间？　　　　　　　乙：明天。
　 甲：明天我去你的宿舍，好吗？　　　乙：三点。
　 甲：几点上课？　　　　　　　　　　乙：好。
　　　　　　　　　　　　　　　　　　　乙：两点。

2. 甲：你有时间吗？　　　　　　　　　乙：什么事？
　 甲：我要去王平的宿舍，你去吗？　　乙：今天。
　 甲：我去上课。　　　　　　　　　　乙：对不起，我现在没有时间。
　 甲：昨天*呢？　　　　　　　　　　乙：一起去吧。
　 甲：明天呢？　　　　　　　　　　　乙：我不懂。
　 甲：好。　　　　　　　　　　　　　乙：也没有时间。
　 甲：你真*忙*！

八 以杰夫的口气叙述课文中第一段会话的内容 Retell Dialogue 1 by acting the role of Jeff

今天的作业安妮有一个问题，……

九 根据下面提供的信息给朋友打电话

Call a friend by using the following information

1. 我是王平，明天是我二十岁生日，我想*请一班的学生吃饭，明天晚上六点半在留学生宿舍旁边的饭馆儿*。

I am Wang Ping. Tomorrow is my 20th birthday, and I'm going to invite my classmates of Class 1 for dinner. We will meet at the restaurant beside the foreign students' hostel at 6:30 tomorrow evening.

2. 我是安妮，明天是星期六，我想去*商场*给王平买一件生日礼物。我打算*请一个朋友*一起去。

I am Annie. Tomorrow is Saturday. I will buy a gift for Wang Ping's birthday in emporium. I want to call one of my friends to accompany me.

第十课 Tā bìng le 她 病 了

（一）

（上课以前 Before class）

丽 莎： 安妮，你怎么了？
Lìshā: Ānnī, nǐ zěnme le?

安 妮： 我头很疼。
Ānnī: Wǒ tóu hěn téng.

丽 莎： 感冒了吗？
Lìshā: Gǎnmào le ma?

安 妮： 对。我想回房间休息，你告诉老师，好吗？
Ānnī: Duì. Wǒ xiǎng huí fángjiān xiūxi, nǐ gàosu lǎoshī, hǎo ma?

丽 莎： 好。
Lìshā: Hǎo.

（二）

（上课以后 After class）

丽　莎： 老师，安妮今天不能来上课了。
Lìshā: Lǎoshī, Ānnī jīntiān bù néng lái shàng kè le.

田老师： 她怎么了？
Tián lǎoshī: Tā zěnme le?

丽　莎： 她病了，感冒了。
Lìshā: Tā bìng le, gǎnmào le.

田老师： 我知道了。
Tián lǎoshī: Wǒ zhīdào le.

（三）

（上课半个小时以后，杰夫敲门 A half-hour after class, Jeff knocks on the door）

田老师： 请进！
Tián lǎoshī: Qǐng jìn!

杰　夫： 对不起，我来晚了。
Jiéfū: Duìbuqǐ, wǒ láiwǎn le.

（杰夫坐下，丽莎小声问 Jeff sits down and Lisa asks in a whisper）

丽　莎：　你怎么才来？
Lìshā:　　Nǐ zěnme cái lái?

杰　夫：　我的闹钟睡觉了，我八点一刻才起床，所以……
Jiéfū:　　Wǒ de nàozhōng shuì jiào le, wǒ bā diǎn yíkè cái qǐ chuáng, suǒyǐ……

丽　莎：　什么？闹钟睡觉？我知道了，你的闹钟停了。
Lìshā:　　Shénme? Nàozhōng shuì jiào? Wǒ zhīdào le, nǐ de nàozhōng tíng le.

田老师：　你们有问题吗？
Tián lǎoshī:　Nǐmen yǒu wèntí ma?

杰　夫：　没有，没有，对不起。
Jiéfū:　　Méiyǒu, méiyǒu, duìbuqǐ.

（四）

（下课以后，丽莎跟老师请假 After class, Lisa asks for a leave）

田老师，明天我有事，要去大使馆，不能来上课，我想请半天假。
Tián lǎoshī, míngtiān wǒ yǒu shì, yào qù dàshǐguǎn, bù néng lái shàng kè, wǒ xiǎng qǐng bàn tiān jià.

注　释　Notes

1. 你怎么了？

"怎么了"常用来询问状况，或询问情况发生的原因。如：
Used to inquire the situation, or ask about the cause. For example:
（1）他怎么了？——他病了。
（2）自行车怎么了？——坏了。

2. 安妮今天不能来上课了。

这里的"了"用在句子末尾或句子中停顿的地方，表示变化或出现了新的情况。如：

Here "了" is used at the end of a sentence, or the pause in the middle of a sentence, to expressing a change or the emergence of a new situation. For example:

我不去了。　　他病了。　　我知道了。　　天气冷了。

3. 你怎么才来？

副词"才"在这里表示事情发生或结束得晚。如：
The adverb "才" is used here to indicate "late". For example：
（1）他夜里两点才睡觉。
（2）他一个星期以后才能到。

4. 请假

"请假"是一个离合词，后面不能加宾语，不能说"请假他"，要说"跟他请假"。中间可以插入别的成分。比如："请一天假""请两次假""请多长时间假"等。其他常见的离合词还有"睡觉、见面、理发、洗澡、帮忙"等。

"请假" is a separable word, which can be separated, but the object can't be added after it. You can say "跟他请假" instead of "请假他"。 Other words can be inserted in between, for example: "请一天假""请两次假""请多长时间假" and so on. There are other words of this kind: "睡觉、见面、理发、洗澡、帮忙" and so on.

练习　Exercises

一　发音练习 Pronunciation drills

1. 辨音练习 Distinguish the following syllables
   ① ing　eng　② tou　dou　③ gou　gao　④ uang　ang
2. 单音节练习 One-syllable drills
   bìng　téng　huí　qù　cái　wǎn　lái　tíng
3. 多音节练习 Polysyllable drills
   gǎnmào　gàosu　xiūxi　shàng kè　qǐng jìn　nàozhōng　qǐng jià
4. 听听哪个对？ Listen and choose the correct one

怎么 zěnme	告诉 kàosi	请假 jìng jiá	大使馆 dàshíguàn
zhǔnma	gàosu	qíng jià	dàshǐguǎn
zènme	gàosù	qǐng jià	dàshìguǎn

5. 绕口令 A tongue twister

Tiān shàng kàn,	天上看，
Mǎn tiān xīng;	满天星；
Dì shàng kàn,	地上看，
Yǒu ge kēng;	有个坑；
Kēng li kàn,	坑里看，
Yǒu pán bīng.	有盘冰。

二 听与读 Listen and read

一望二三里，　　Yí wàng èr sān lǐ,
烟村四五家。　　Yān cūn sì wǔ jiā.
亭台六七座，　　Tíngtái liù qī zuò,
八九十枝花。　　Bā jiǔ shí zhī huā.

三 用正确的语调朗读下面的句子 Read the following sentences in correct intonation

1. 你怎么了？
2. 感冒了吗？
3. 安妮今天不能来上课了。
4. 她病了。
5. 请进！
6. 对不起，我来晚了。
7. 你怎么才来？
8. 你们有问题吗？
9. 我想请半天假。

四 替换练习 Substitution drills

1. 我头很疼。

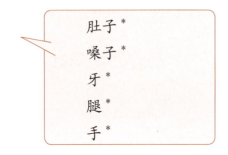

肚子*
嗓子*
牙*
腿*
手*

2. 她病了。

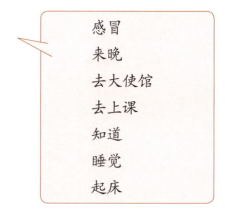

感冒
来晚
去大使馆
去上课
知道
睡觉
起床

3. 你怎么才来?

> 睡觉
> 起床
> 知道
> 去上课
> 请假
> 去食堂吃饭

4. 我想请半天假。

> 一天
> 两天
> 一个星期
> 半个月
> 一个月

5. 我想回房间休息。

> 买一辆自行车
> 给她买一件礼物
> 上汉语课
> 去玩儿
> 给她打电话
> 问你一个问题
> 知道你的电话号码
> 知道你住的地方

6. 我八点一刻才起床，所以来晚了。

> 她感冒了　　　　　请了一天假
> 他病了　　　　　　不能来上课了
> 明天是他的生日　　我想给他买一件礼物
> 昨天我很晚才睡觉　今天早上起(床)晚了
> 闹钟停了　　　　　起(床)晚了
> 我不懂这个问题　　打电话问问老师

五 选出合适的应答句 Choose the correct answer

1. 你怎么了?
   □ 我很头疼。
   □ 我头很疼。
   □ 我是头很疼

2. 你感冒了吗?
   □ 我不感冒。
   □ 我没感冒。
   □ 我很感冒。

3. 老师，我想回房间休息，好吗？
   - ☐ 好吧。
   - ☐ 很好。

4. 喂，请问，是王平吗？
   - ☐ 是。
   - ☐ 这是王平。

5. 对不起，我来晚了。
   - ☐ 好吧。
   - ☐ 没关系，不晚。

六 两个人一组熟读下面的对话，然后模拟表演
Practice the following dialogues and then perform it in pairs

（一）（甲要进教室，乙从教室出来）

(A enters the classroom, B exits from the classroom)

甲：你去哪儿？该上课了。

乙：今天不上课了，老师病了。

甲：你怎么知道？

乙：办公室的老师来告诉我们了。

甲：老师什么病？

乙：不知道。

（二）（甲等乙很长时间，乙才来）

(A waits for B a long time, B finally comes.)

甲：你怎么才来呀？

乙：我没*迟到*。

甲：你看看手表，现在几点了？

乙：现在差五分才三点呢。

甲：你的表停了吧？

乙：没停！

甲：你的表慢*了。

七 四个人一组，三个人分别扮演杰夫、丽莎和田老师，表演课文第三段对话，然后第四个人用自己的话说明发生了什么事 Four students a group, three of them play the roles of Jeff, Lisa and Tian laoshi, and perform the third dialogue of the text, and then the fourth person is expected to report what happened in his/her own words

八 情景会话 Situational dialogues

两个人一组，一个人扮演老师，另一个人向老师请假：

Two students in pairs. One plays the role of the teacher, and the other asks for a leave:

1. 病了。 Being ill.
2. 有事要去大使馆。 Going to the embassy.
3. 妈妈来了。 Mother is coming.

你知道吗？ Do You Know? （2）

生活中的数字

1. 用手势怎么表示数字？

从 1 到 10 这十个数字在中国用手势来表示的话，分别是：

2. 从 1 到 10 这十个数字在银行、邮局的存、取款单、账单和汇款单等上面有时要用汉字分别写成：壹、贰、叁、肆、伍、陆、柒、捌、玖、拾。

金　额（人民币）	小写：￥204.84 大写：贰佰零肆元捌角肆分

Numerals In Everyday Life

1. How to gesticulate the numerals from 1 to 10 with your hands?

In China, the gesticulations of the numerals from 1 to 10 are as follows:

2. To fill in a bank account, on a money order in a post office, the numerals from 1 to 10 can be written in Chinese characters:

第十一课　我喜欢喝茶
Wǒ xǐhuan hē chá

(一)

(吃晚饭时 Dinner time)

杰夫: 你喜欢吃什么?
Jiéfū: Nǐ xǐhuan chī shénme?

安妮: 我喜欢吃馒头,你呢?
Ānnī: Wǒ xǐhuan chī mántou, nǐ ne?

杰夫: 我喜欢饺子。我要半斤饺子。
Jiéfū: Wǒ xǐhuan jiǎozi. Wǒ yào bàn jīn jiǎozi.

安妮: 半斤饺子有多少个?
Ānnī: Bàn jīn jiǎozi yǒu duōshao ge?

杰夫: 大概三十个。
Jiéfū: Dàgài sānshí ge.

安妮: 你能吃完吗?
Ānnī: Nǐ néng chīwán ma?

杰　夫：	没问题。这儿的饺子很好吃。
Jiéfū:	Méi wèntí. Zhèr de jiǎozi hěn hǎochī.

（二）

（在小商店 In a small shop）

安　妮：	这葡萄酸不酸？
Ānnī:	Zhè pútao suān bu suān?
售货员：	不酸，甜的。
Shòuhuòyuán:	Bù suān, tián de.
安　妮：	可以尝尝吗？
Ānnī:	Kěyǐ chángchang ma?
售货员：	可以，尝吧，不甜不要钱。
Shòuhuòyuán:	Kěyǐ, cháng ba, bù tián bú yào qián.

（安妮尝了一个葡萄 Annie tasted a grape）

安　妮：	很甜！多少钱一斤？
Ānnī:	Hěn tián! Duōshao qián yì jīn?
售货员：	四块五。
Shòuhuòyuán:	Sì kuài wǔ.
安　妮：	便宜一点儿吧。
Ānnī:	Piányi yìdiǎnr ba.

售货员：	对不起，我们这儿不能讲价。
Shòuhuòyuán:	Duìbuqǐ, wǒmen zhèr bù néng jiǎng jià.
安　妮：	好吧，我买一斤。
Ānnī:	Hǎo ba, wǒ mǎi yì jīn.

（三）

（杰夫和安妮去彼得的宿舍 Jeff and Annie go to Peter's dormitory）

杰　夫：	王平，你也在这儿！
JiéFū:	Wáng Píng, nǐ yě zài zhèr!
王　平：	是你们！
Wáng Píng:	Shì nǐmen!
彼　得：	欢迎！欢迎！请坐！
Bǐdé:	Huānyíng! Huānyíng! Qǐng zuò!
安　妮：	杰夫，你坐那儿，我坐这儿。
Ānnī:	JiéFū, nǐ zuò nàr, wǒ zuò zhèr.
彼　得：	你们喝什么？茶还是咖啡？
Bǐdé:	Nǐmen hē shénme? Chá háishi kāfēi?
杰　夫：	咖啡，我喜欢咖啡。
JiéFū:	kāfēi, wǒ xǐhuan hē kāfēi.

王　平：	安妮，你也喜欢喝咖啡，对吧？
Wáng Píng:	Ānnī, nǐ yě xǐhuan hē kāfēi, duì ba?
安　妮：	不，以前我喜欢喝咖啡。
Ānnī:	Bù, yǐqián wǒ xǐhuan hē kāfēi.
王　平：	现在呢？
Wáng Píng:	Xiànzài ne?
安　妮：	现在我喜欢喝茶！
Ānnī:	Xiànzài wǒ xǐhuan hē chá!
彼　得：	安妮，你的茶。桌子上边有点心，随便吃。
Bǐdé:	Ānnī, nǐ de chá. Zhuōzi shàngbian yǒu diǎnxin, suíbiàn chī.
安　妮：	谢谢！
Ānnī:	Xièxie!

（四）

（安妮说 Annie says）

在美国，我喜欢喝咖啡，来中国以后，习惯了喝茶。现在我很喜欢中国茶。

Zài Měiguó, wǒ xǐhuan hē kāfēi, lái Zhōngguó yǐhòu, xíguànle hē chá, Xiànzài wǒ hěn xǐhuan Zhōngguó chá.

注释 Notes

1. 没问题

表示没有任何困难或者痛快地答应。如：
This is a positive answer to indicate "there wouldn't be any difficulty". For example:
（1）他一个人去没问题。
（2）这件事你能帮我一个忙吗？——没问题。

2. 酸不酸？

形容词或者动词的肯定形式和否定形式放在一起可以表示疑问。如：
The affirmative and negative forms of adjectives or verbs can be put together to indicate interrogative tone. For example:

好不好？ 是不是？ 去不去？ 来没来？ 尝没尝？ 买没买？

3. "可以"和"能"

"可以"表示能够或许可，对用"可以"的句子进行否定的回答时，通常说"不能"或"不行"，不说"不可以"。"能"表示有能力或者有条件做某事。"能"可以表示有某种客观的可能性，"可以"不行。如：

"可以" means capability or permission, the negative response is "不能" or "不行", instead of "不可以". "能" means being able to do something or having conditions to do something. It can indicate some objective possibility, while "可以" can't. For example:

这么晚他还能（×可以）来吗？

"能"可以和"愿意"连用，"可以"不行。如：
"能" can be used with "愿意", while "可以" can't. For example:

你不让他去，他能（×可以）愿意吗？

"可以"有时也表示有能力做某事，但不能表示善于做某事，如：
"可以" sometimes also indicates the ability to do something, but it can't express being good at something, for example：

他很能（×可以）吃，一顿可以吃三碗米饭。

4. 斤

常用的标准重量单位。在中国，还有人习惯用"两"等重量单位。
1公斤 = 2斤 = 20两 = 1000克
Units of weight. "两" are also often used in China.
1 kilogram = 2 jin = 20 liang = 1000 gram

5. 茶还是咖啡？

连词"还是"用于选择。如：
The conjunction "还是" is used to make a choice. For example：

（1）今天去还是明天去？
（2）上口语课还是听力课？

第十一课 我喜欢喝茶 11

练 习 Exercises

一 发音练习 Pronunciation drills

1. 辨音练习 Distinguish the following syllables

   ① he hu ② uan ian ③ chang zhang ④ wen wan

2. 单音节练习 One-syllable drills

   chá hē pán suān tián cháng chī hòu

3. 多音节练习 Polysyllable drills

   mántou hǎochī gōngjīn huānyíng kāfēi yǐhòu

4. 听听哪个对？ Listen and choose the correct one

大概 dàgài	葡萄 búdào	便宜 biànyi
tàgài	pútao	piànyí
dàgāi	pútào	piányi

以前 yìqiǎn	习惯 xíguàn
yǐjiàn	xígàn
yǐqián	xǐguàn

5. 绕口令 A tongue twister

   > Shuō de shì liùshíliù tiáo hútòng kǒu, 说的是六十六条胡同口，
   > Zhù zhe ge liùshíliù suì de Liú lǎotóu. 住着个六十六岁的刘老头。

二 听与读 Listen and read

白日依山尽，	Bái rì yī shān jìn,
黄河入海流。	Huánghé rù hǎi liú.
欲穷千里目，	Yù qióng qiān lǐ mù,
更上一层楼。	Gèng shàng yì céng lóu.

三 用正确的语调朗读下面的句子 Read the following sentences in correct intonation

1. 你喜欢吃什么？
2. 半斤饺子有多少个？
3. 大概三十个。
4. 你能吃完吗？
5. 这葡萄酸不酸？
6. 可以尝尝吗？
7. 多少钱一斤？
8. 便宜一点儿吧。

9. 欢迎！欢迎！请坐！

10. 你们喝什么？茶还是咖啡？

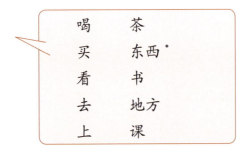

四 替换练习 Substitution drills

1. 你喜欢吃什么菜？

喝	茶
买	东西*
看	书
去	地方
上	课

2. 你能吃完吗？

起床
去上课
来大使馆
喝白酒*
写*完作业
帮*我给老师打个电话

3. 这葡萄酸不酸？

饺子	好吃	好吃
头	疼	疼
橘子*	甜	甜
起床	晚	晚
上课	早	早
礼物	好	好
学校	大	大
老师	在	在
你	喜欢	喜欢
你	习惯	习惯

4. 可以尝尝吗？

看看
进教室
坐这儿
晚一点儿来
回房间休息
在这儿停车

5. 便宜一点儿

早
大
晚
慢

6. 你喜欢茶还是咖啡？

喜欢中国茶	日本茶
吃馒头	（吃）饺子
买蓝的	（买）黑的
要这个	（要）那个
上口语课	（上）听力课

五 选出合适的应答句 Choose the correct answer

1. 你们学校有多少留学生？
   - ☐ 大概。
   - ☐ 大概五百个。

2. 早上六点你能起床吗？
   - ☐ 没问题。
   - ☐ 早上六点起床。

3. 便宜一点儿吧？
   - ☐ 不行。
   - ☐ 不便宜。

六 用所给的句子看图对话

Make conversations by using the following sentences according to the pictures

1. 喝点儿什么？你喜（欢）不喜欢喝……？

茶

咖啡

啤酒 píjiǔ

可乐 kělè

果汁儿 guǒzhīr

矿泉水 kuàngquánshuǐ

2. 你喜欢吃什么？你喜（欢）不喜欢吃……？

馒头 mántou

饺子 jiǎozi

面包 miànbāo

烤鸭 kǎoyā

香蕉 xiāngjiāo　　　　葡萄 pútao　　　　西瓜 xīguā　　　　橘子 júzi

3. ……多少钱一……？便宜一点儿吧？

560 块 / 辆　　　　　　　　　　298 块 / 件

35 块 / 斤　　　　　　　　　　8 块 / 斤

七 用彼得的口气复述课文（三）　Retell dialogue 3 two by acting as Peter

八 选择合适的词语填空，然后背诵全文
Fill in the blanks with proper words, and then recite the passage

> 习惯　喜欢　很　以前　以后

　　来中国_____，我不_____喝茶，我喜欢喝咖啡。来中国_____，我也_____喝茶了。我觉得茶____好喝，我每天都喝很多茶。

九 口头表达 Narration

三个人一组，一起说说你、你家里人或你的朋友喜欢什么，不喜欢什么，然后选一个人做代表告诉老师和同学们三个人的谈话内容。

Three students a group. Have a talk regarding family, friends and likes or dislikes, and then choose one student to tell the teacher and classmates what you have discussed.

第十二课 Nǐ gàn shénme ne? 你干什么呢?

(一)

(在安妮的宿舍外,杰夫敲门 Outside Annie's dormitory, Jeff knocks on the door)

杰 夫: 安妮在吗?
Jiéfū: Ānnī zài ma?

安 妮: 门开着,请进!杰夫,是你,请坐。
Ānnī: Mén kāizhe, qǐng jìn! Jiéfū, shì nǐ, qǐng zuò.

杰 夫: 谢谢!你怎么了?好像不太高兴?
Jiéfū: Xièxie! Nǐ zěnme le? Hǎoxiàng bú tài gāoxìng?

安 妮: 我有点儿想家。
Ānnī: Wǒ yǒudiǎnr xiǎng jiā.

杰 夫: 想家了?听一会儿音乐怎么样?
Jiéfū: Xiǎng jiā le? Tīng yíhuìr yīnyuè zěnmeyàng?

安 妮: 好,咱们听着音乐聊聊天儿吧。
Ānnī: Hǎo, zánmen tīngzhe yīnyuè liáoliao tiānr ba.

第十二课 你干什么呢？ 12

（二）

（在杰夫的宿舍门口 At the entrance to Jeff's dormitory）

丽　莎： 杰夫！杰夫！
Lìshā: Jiéfū! Jiéfū!

杰　夫： 谁啊？进来！
Jiéfū: Shéi a? Jìnlai!

丽　莎： 你干什么呢？
Lìshā: Nǐ gàn shénme ne?

杰　夫： 做作业呢！老师说明天要听写生词。
Jiéfū: Zuò zuòyè ne! Lǎoshī shuō míngtiān yào tīngxiě shēngcí.

丽　莎： 你听着音乐，能做好作业吗？
Lìshā: Nǐ tīngzhe yīnyuè, néng zuòhǎo zuòyè ma?

杰　夫： 当然可以。
Jiéfū: Dāngrán kěyǐ.

丽　莎： 真的吗？我问你一个问题，你能回答对吗？
Lìshā: Zhēn de ma? Wǒ wèn nǐ yí ge wèntí, nǐ néng huídá duì ma?

杰　夫： 没问题，你问吧！
Jiéfū: Méi wèntí, nǐ wèn ba!

（三）

（杰夫对彼得说 Jeff says to Peter）

昨天是星期天，我去了安妮的宿舍。我看她有点儿不高兴，问她为什么，她说想家了。我说，听一会儿音乐吧。我们听着音乐聊了一会儿天儿，都很高兴。

Zuótiān shì xīngqītiān, wǒ qùle Ānnī de sùshè. Wǒ kàn tā yǒudiǎnr bù gāoxìng, wèn tā wèi shénme, tā shuō xiǎng jiā le. Wǒ shuō, tīng yíhuìr yīnyuè ba. Wǒmen tīngzhe yīnyuè liáole yíhuìr tiānr, dōu hěn gāoxìng.

（四）

（杰夫对丽莎说 Jeff says to Lisa）

我有一个习惯，我喜欢听着音乐做作业。朋友说，这个习惯不太好，可是我觉得没有问题。

Wǒ yǒu yí ge xíguàn, wǒ xǐhuan tīngzhe yīnyuè zuò zuòyè. Péngyou shuō, zhè ge xíguàn bú tài hǎo, kěshì wǒ juéde méiyǒu wèntí.

注 释　Notes

1. 我**有点儿**想家

"有点儿"用在形容词或者一部分动词的前面，表示程度不高，稍微，多用于不如意的事情。形容词或动词多半是消极意义的或贬义的。如：

"有点儿" precedes adjectives or some verbs, meaning slightly, a bit; often used to modify undesirable things. Most of the adjectives or verbs indicate negative or derogatory meanings. For example:

（1）汉字有点儿难。
（2）这件衣服有点儿贵。
（3）我有点儿累。

2. "咱们"和"我们"

"咱们"和"我们"都是代词，用"咱们"指"你+我"或"你们+我们"，即总称己方（我或我们）和对方（你或你们）；不包括对方时用"我们"。但有时用"我们"也可以包括对方。

"咱们" and "我们" are both pronouns. "咱们" refers to both the speaker and the listener; And "我们" normally exclude the listener. Sometimes "我们" may also include the listener.

3. 门开着 / 听着音乐聊聊天儿

助词"着"表示状态或动作的持续。如：
Auxiliary word "着" is used to express the continuation of a condition or action. For example:
窗户关着　　他穿着一件红衣服　　他喜欢躺着看书　　坐着听课

4. 做作业呢

这里的"呢"是助词，用在叙述句的末尾，表示动作正在进行或情况正在继续。如：
"呢" here is a particle used at the end of a statement indicating the continuity of the action or the state of progression. For example:
（1）他看书呢。
（2）外边下着雨呢。

5. 真的吗？

对某件事或某种现象表示怀疑或惊讶。如：
Used to express doubt or surprise for some phenomenon. For example:
（1）甲：我的自行车丢了。
　　　乙：真的吗？
（2）甲：老师说今天有听写。
　　　乙：真的？
"真的"也可以用在动词或形容词前面，强调确认。如：
"真的" can also be placed before a verb or an adjective for confirming. For example:
（1）他真的没来？
（2）真的很好。

练习 Exercises

一 发音练习 Pronunciation practice

1. 辨音练习 Distinguish the following syllables
   ① hei hui　② zhe zhi　③ liao liu　④ jie jue

2. 单音节练习 One-syllable drills
   gàn　kě　jiā　xiǎng　zhēn　tài　yuè　dá

3. 多音节练习 Polysyllable drills
   hǎoxiàng　yīnyuè　péngyou　juéde　kěshì　liáo tiānr

4. 听听哪个对？ Listen and choose the correct one

当然 dānrán	回答 féidá	高兴 gāoxìng	有点儿 yǒudiǎnr
dāngrán	huìdǎ	gāoxīng	yǒudiànr
dēngrán	huídá	guòxīng	yǒutiǎnr

5. 绕口令 A tongue twister

> Yáshuā néng shuā yá,　　牙刷能刷牙，
> Shuā yá yòng yáshuā.　　刷牙用牙刷。

二 听与读 Listen and read

煮豆燃豆萁，　　　Zhǔ dòu rán dòu qí,
豆在釜中泣。　　　Dòu zài fǔ zhōng qì.
本是同根生，　　　Běn shì tóng gēn shēng,
相煎何太急？　　　Xiāng jiān hé tài jí?

三 用正确的语调朗读下面的句子 Read the following sentences in correct intonation

1. 你怎么了？好像不太高兴？
2. 我有点儿想家。
3. 听一会儿音乐怎么样？
4. 谁啊？进来！
5. 你干什么呢？
6. 你听着音乐，能做好作业吗？
7. 当然可以。
8. 真的吗？

四 替换练习 Substitution

1. 请进！

> 坐
> 喝茶
> 回答
> 听音乐

2. 他好像不太高兴？

> 想家了
> 不知道
> 没听懂
> 不太喜欢
> 在二班
> 是日本人

3. 我有点儿想家。

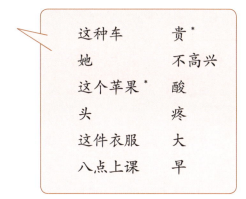

```
这种车      贵*
她          不高兴
这个苹果*    酸
头          疼
这件衣服    大
八点上课    早
```

4. 咱们听一会儿音乐吧。

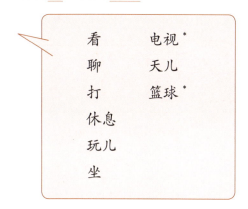

```
看      电视*
聊      天儿
打      篮球*
休息
玩儿
坐
```

5. 我们听着音乐 聊天儿。

```
喝    茶     看电视
听    歌*    做作业
关*   门     睡觉
戴*   眼镜*  看书
```

6. 我做作业呢。

```
他看电视
她打电话
他们聊天儿
老师上课
他睡觉
他吃饺子
```

7. 你能回答对吗?

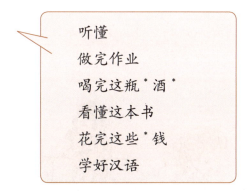

```
听懂
做完作业
喝完这瓶*酒*
看懂这本书
花完这些*钱
学好汉语
```

五 选出最合适的应答句 Choose the correct answer

1. 请进！请坐！
   ☐ 谢谢！
   ☐ 坐。

2. 今天没课，咱们在宿舍听音乐怎么样？
   ☐ 音乐很好听。
   ☐ 好。

3. 你可以告诉我你的电话号码吗？
   ☐ 当然能。
   ☐ 当然可以。

4. 真的吗？
   ☐ 不真的。
   ☐ 真的。

六 说出相应的上句 Ask the questions according to the following answers

1. 甲：_____?
   乙：他感冒了。

2. 甲：_____?
   乙：我不喝咖啡，喝茶。

3. 甲：_____?
   乙：我们聊天儿呢。

4. 甲：_____?
   乙：我是王平，我想问你一个问题。

5. 甲：_____?
   乙：她想家了，所以不太高兴。

七 用丽莎的口气复述课文第二段会话 Retell dialogue 2 by acting as Lisa

八 模仿例句看图说话

Make up conversations according to the following pictures

1. 例：甲：他干什么呢？
   乙：他看书呢。

2. 例：甲：他干什么呢？
   乙：他听着音乐做作业呢。

3. 例：甲：这件衣服怎么样？
   乙：我觉得这件衣服有点儿大。

九 根据自己的情况回答下面的问题 Answer the following questions according to fact

1. 来中国以后，你想家吗？为什么？
2. 想家的时候，你干什么？
3. 你能听着音乐做作业吗？你觉得这样做好不好？
4. 你喜欢和朋友聊天儿吗？为什么？
5. 周末你喜欢干什么？

十 成段表达 Narration

我有一个习惯，……

第十三课 Wǒ qù túshūguǎn jiè shū 我去图书馆借书

(一)

(在宿舍门口 At the entrance to the dormitory)

安 妮： 杰夫，你去哪儿？
Ānní: Jiéfū, nǐ qù nǎr?

杰 夫： 我去图书馆借书。
Jiéfū: Wǒ qù túshūguǎn jiè shū.

安 妮： 我也想去借本英文书呢。
Ānní: Wǒ yě xiǎng qù jiè běn Yīngwén shū ne.

杰 夫： 要是你现在有时间，就和我一起去吧。
Jiéfū: Yàoshi nǐ xiànzài yǒu shíjiān, jiù hé wǒ yìqǐ qù ba.

安 妮： 好啊！图书馆几点关门？
Ānní: Hǎo a! Túshūguǎn jǐ diǎn guān mén?

杰　夫： 下午五点半以后就不能借书了，不过，你可以在那儿自习，图书馆晚上十点才关门呢。

Jiéfū: Xiàwǔ wǔ diǎn bàn yǐhòu jiù bù néng jiè shū le, búguò, nǐ kěyǐ zài nàr zìxí, túshūguǎn wǎnshang shí diǎn cái guān mén ne.

（二）

（安妮说 Annie says）

昨天我去图书馆想借一本英文书，可是没有借到。杰夫说要是我着急看，可以在网上买。现在上网买东西很方便，价钱也很便宜。昨天下午杰夫帮我在网上下了订单，今天上午书就送到我宿舍了，真快！

Zuótiān wǒ qù túshūguǎn xiǎng jiè yì běn Yīngwén shū, kěshì méiyǒu jièdào. Jiéfū shuō yàoshi wǒ zháojí kàn, kěyǐ zài wǎng shang mǎi. Xiànzài shàng wǎng mǎi dōngxi hěn fāngbiàn, jiàqián yě hěn piányi. Zuótiān xiàwǔ Jiéfū bāng wǒ zài wǎng shang xiàle dìngdān, jīntiān shàngwǔ shū jiù sòngdào wǒ sùshè le, zhēn kuài!

（三）

（快递员来到丽莎的宿舍 An express delivery courier comes to Lisa's dormitory）

快递员： 您好！是您要寄快递吗？

Kuàidìyuán: Nín hǎo! Shì nín yào jì kuàidì ma?

丽　莎： 对，我要寄两个快递。

Lìshā: Duì, wǒ yào jì liǎng ge kuàidì.

快递员： 寄到哪儿？

Kuàidìyuán: Jìdào nǎr?

丽　莎： 这本书寄到上海，这件衣服寄到西安。

Lìshā: Zhè běn shū jìdào Shànghǎi, zhè jiàn yīfu jìdào Xī'ān.

快递员： 您填一下快递单。

Kuàidìyuán: Nín tián yíxià kuàidìdān.

丽　莎： 好的。我问一下，可以对方付款吗？

Lìshā: Hǎo de. Wǒ wèn yíxià, kěyǐ duìfāng fù kuǎn ma?

快递员：	当然可以。两个都对方付款吗？
Kuàidìyuán:	Dāngrán kěyǐ. Liǎng ge dōu duìfāng fù kuǎn ma?
丽 莎：	寄到上海的这个对方付款，西安的这个现在付款。填好了，多少钱？
Lìshā:	Jìdào Shànghǎi de zhè ge duìfāng fù kuǎn, Xī'ān de zhè ge xiànzài fù kuǎn. Tiánhǎo le, duōshao qián?
快递员：	十二块钱。
Kuàidìyuán:	Shí'èr kuài qián.
丽 莎：	给您十五块。
Lìshā:	Gěi nín shíwǔ kuài.
快递员：	找您三块。
Kuàidìyuán:	Zhǎo nín sān kuài.

（四）

（丽莎给上海的朋友电话留言 Lisa leaves a message on the phone for her friend in Shanghai）

喂，我是丽莎，你要的书，刚才我快递给你了，是对方付款，你收一下。
Wèi, wǒ shì Lìshā, nǐ yào de shū, gāngcái wǒ kuàidì gěi nǐ le, shì duìfāng fù kuǎn, nǐ shōu yíxià.

注 释 Notes

1. 要是你现在有时间，就和我一起去吧。

"要是……"表示假设，后面常常和"就"连用。如：
"要是……" expresses a hypothesis, it is often followed by "就". For example:
（1）要是你喜欢，就买吧。
（2）要是便宜，我就买。
（3）要是没有时间，我们就不去了。

2. "不过"和"可是"

"不过"和"可是"都表示转折，但"不过"多用于口语，语气比"可是"轻。另外，"不过"还有补充说明的意思，对上半句话进行限制或修正。如：

"不过"and "可是"all express a transition, but "不过" is commonly used in oral Chinese, its tone is gentler than "可是". Also, "不过"introduces additional information, limiting or correcting the previous statement. For example:

（1）那件衣服很漂亮，不过有点儿贵。
（2）他知道那件事，可是他没告诉我。

3. 没有借到 / 送到我宿舍 / 寄到上海

这里的"动词 + 到"有两个意思，一是表示动作达到了目的或有了结果。如：
Here "verb+ 到" contains two meanings: the first expresses an action has achieved its goal or accomplished. For example:

（1）我收到了一件礼物。
（2）他买到了那本书。
（3）我没听到手机响。

二是"到"后面接表示处所的词语，表示某人或某物通过动词到达某处。如：
"到" is followed by a location word expressing a certain person or an object has reached a certain location through an action. For example:

（1）他回到家就睡觉了。
（2）他来到这儿一个月了。

4. 今天上午书就送到我宿舍了

这里的副词"就"用在动词或形容词前面，表示很短时间内即将发生，强调很快、很早。如：
The adverb "就" precedes a verb or an adjective, indicating that it will occur in a short time. For example:

（1）他很快就回来。
（2）我就去。
（3）一会儿就好了。

5. 您填一下快递单。

数量词"一下"在动词后面表示做一次或试着做。如：
Quantifier "一下" is used after a verb, which means to have a try. For example:

（1）请你看一下。
（2）你打一下他的手机。
（3）我问一下。
（4）你收一下。

练习 Exercises

一 发音练习 Pronunciation practice

1. 辨音练习 Distinguish the following syllables
   ① hu he　② hua fa　③ ji ju　④ zhang zheng

2. 单音节练习 One-syllable drills
   jiè　shū　shì　zhǎo　jì　shōu　sòng　tián

3. 多音节练习 Polysyllable drills
   shàng wǎng　diànnǎo　kuàidì　fù kuǎn　gāngcái　piàoliang

4. 听听哪个对? Listen and choose the correct one

关门 gān méng	可以 kǔyǐ	借书 jiè shū	图书馆 túshùguǎn
guān mén	kèyì	jiě shù	túshūguǎn
guàng men	kěyǐ	jié shù	dúshūguǎng

5. 绕口令 A tongue twister

   > Bàba xǐhuan tán pípa,　　　　爸爸喜欢弹琵琶,
   > Qíqi xǐhuan tán jíta.　　　　奇奇喜欢弹吉他。

二 听与读 Listen and read

空山新雨后，　　　　Kōng shān xīn yǔ hòu,
天气晚来秋。　　　　Tiānqì wǎn lái qiū.
明月松间照，　　　　Míng yuè sōng jiān zhào,
清泉石上流。　　　　Qīng quán shí shàng liú.

三 用正确的语调朗读下面的句子 Read the following sentences in correct intonation

1. 你去哪儿?
2. 我也想去借本英文书呢。
3. 要是你现在有时间，就和我一起去吧。
4. 图书馆几点关门?
5. 图书馆晚上十点才关门呢。
6. 今天上午书就送到我宿舍了，真快!
7. 我要寄两个快递。
8. 我问一下儿，可以对方付款吗?
9. 填好了，多少钱?
10. 你要的书，刚才我快递给你了。

四 替换练习 Substitution

1. 你和我一起去图书馆吧。

他	我	去上课
我	朋友	吃饭
老师	我们	去旅行*
我	中国朋友	看电视
我	你	回房间

2. 要是你现在有时间，就和我一起去吧。

不懂	问老师
头疼	回房间休息吧
知道	告诉我吧
没有时间	不去玩儿了
喜欢这种衣服	买一件吧

3. 那本书我没有借到。

   你的东西我没看
   我的快递他没收
   他说话*我没有听
   这件事我真没想
   那件事他没有做

4. 您填一下快递单。

我问	老师
你尝	这个菜
休息	吧
你能来	吗？
请写	你的名字
请你回答	这个问题
请你关	门
你帮我收	快递

五 仿照例子进行扩展练习
Extended exercises according to the following examples

例1：　　　　　　书　　　　　　　　例2：　　　　　　　　书
　　　　　　　两本书　　　　　　　　　　　　　　　两本书
　　　　　借了两本书　　　　　　　　　　　　两本书很便宜
　　　去图书馆借了两本书　　　　　　　　两本书都很便宜
　　我去图书馆借了两本书　　　　　在网上买的两本书都很便宜
　刚才我去图书馆借了两本书

买葡萄　　　　　　　　　　　　　礼物
吃饺子　　　　　　　　　　　　　问题
发*E-mail　　　　　　　　　　　　衣服

六 两个人一组熟读下面的对话，然后模拟表演
Perform it after reading the following dialogue in pairs

快递员：喂，您好！请问是王先生*吗？

王先生：我是，什么事？

快递员：您现在在家吗？有您一个快递。

王先生：送快递啊，我在家呢。

快递员：好，您等着，一会儿就到。

（过了一个小时）

王先生：喂，你好！刚才你说一会儿来送快递，怎么没来呀？

快递员：刚才已经送到了呀！

王先生：我没收到呀！你送到哪儿了？

快递员：是中园29号楼1门302，不对吗？

王先生：你送错*了，我住28号楼。

快递员：快递单上写的是29号楼，是快递单填错了！

王先生：啊？！

七 两个人一组互相问答 Ask and answer in pairs

1. 你喜欢去学校的图书馆吗？为什么？
2. 你们学校的图书馆几点开门？几点关门？
3. 你喜欢用*电脑*还是用手机*上网？
4. 你常常*上网买东西吗？

5. 你觉得上网买东西好不好？

6. 你的 E-mail 地址*是什么？

7. 你常常寄快递吗？

8. 你觉得现在寄快递方便吗？贵不贵？

八 两个人一组表演对话，一个人是快递员，另一个人要寄快递

Perform dialogue, one is the express, the other is to send by express

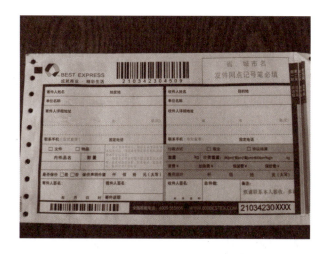

九 试一试用汉语给你的同学发一个电子邮件或写一封信，收到电子邮件或信的同学在上课时告诉老师和别的同学信件的内容

Try to write a letter or send an E-mail to your classmate in Chinese. The student who received the letter or E-mail will tell the teacher and other students the story about the mail in class

第十四课 Jīntiān tiānqì zěnmeyàng?
今天 天气 怎么样?

春

夏

秋

冬

（一）

（早上，彼得从外边回来 Morning, Peter comes back from somewhere）

杰 夫： 今天天气怎么样？
Jiéfū: Jīntiān tiānqì zěnmeyàng?

彼 得： 不错。
Bǐdé: Búcuò.

杰 夫： 热吗？
Jiéfū: Rè ma?

彼 得： 不太热，夜里下了小雨。
Bǐdé: Bú tài rè, yèli xiàle xiǎo yǔ.

杰 夫： 有风吗？
Jiéfū: Yǒu fēng ma?

彼 得：	没有。
Bǐdé:	Méiyǒu.

（二）

（安妮和王平谈天气 Annie and Wang Ping discuss the weather）

安 妮：	这儿的冬天冷不冷？
Ānnī:	Zhèr de dōngtiān lěng bu lěng?
王 平：	很冷。
Wáng Píng:	Hěn lěng.
安 妮：	风大不大？
Ānnī:	Fēng dà bu dà?
王 平：	非常大。
Wáng Píng:	Fēicháng dà.
安 妮：	夏天怎么样？
Ānnī:	Xiàtiān zěnmeyàng?
王 平：	特别热。
Wáng Píng:	Tèbié rè.
安 妮：	春天和秋天呢？
Ānnī:	Chūntiān hé qiūtiān ne?
王 平：	这两个季节天气都不错。
Wáng Píng:	Zhè liǎng ge jìjié tiānqì dōu búcuò.

（三）

（李文静妈妈的朋友王阿姨来了 Li Wenjing Mom's friend Auntie Wang comes）

李文静：	王阿姨，您怎么来了？
Lǐ Wénjìng:	Wáng āyí, nín zěnme lái le?
王阿姨：	听说你病了，我来看看你。你怎么病了？
Wáng āyí:	Tīngshuō nǐ bìng le, wǒ lái kànkan nǐ. Nǐ zěnme bìng le?

| 李文静： | 我不太习惯这儿的天气，所以感冒了。 |
| Lǐ Wénjìng: | Wǒ bú tài xíguàn zhèr de tiānqì, suǒyǐ gǎnmào le. |

| 王阿姨： | 现在身体怎么样？ |
| Wáng āyí: | Xiànzài shēntǐ zěnmeyàng? |

| 李文静： | 已经好了。 |
| Lǐ Wénjìng: | Yǐjīng hǎo le. |

| 王阿姨： | 最近学习忙不忙？ |
| Wáng āyí: | Zuìjìn xuéxí máng bu máng? |

| 李文静： | 不太忙。 |
| Lǐ Wénjìng: | Bú tài máng. |

| 王阿姨： | 食堂的饭好吃吗？ |
| Wáng āyí: | Shítáng de fàn hǎochī ma? |

| 李文静： | 还可以。 |
| Lǐ Wénjìng: | Hái kěyǐ. |

（四）

（李文静说 Li Wenjing says）

　　王阿姨，您来看我，我非常高兴。请告诉我妈妈，这儿冬天很冷，风非常大，我有点儿不习惯，所以感冒了，不过现在我已经好了。我学习也不太忙，让她放心。

Wáng āyí, nín lái kàn wǒ, wǒ fēicháng gāoxìng. Qǐng gàosu wǒ māma, zhèr dōngtiān hěn lěng, fēng fēicháng dà, wǒ yǒudiǎnr bù xíguàn, suǒyǐ gǎnmào le, búguò xiànzài wǒ yǐjīng hǎo le. Wǒ xuéxí yě bú tài máng, ràng tā fàngxīn.

注 释　Notes

1. 天气**怎么样**？/ 身体**怎么样**？

　　这两句话的意思分别是："天气好不好？""身体好不好？"这里的"怎么样"是用来询问事物的状况或性质的，再比如："学习怎么样？""玩得怎么样？"

　　"天气怎么样" means "What is the weather like?"."身体怎么样" means "Are you keeping fit or not?" The expression "怎么样" is used to inquire the state or quality of something. More examples: "学习怎么样？""玩得怎么样？"

2. 程度的表示：不错　还可以

　　"不错"是"比较好"的意思；"还可以"表示情况一般，不太好也不太坏。对某事物的好坏程度从好到不好的描述顺序大概是：

　　"不错" means pretty good. "还可以" indicates a moderate degree, not very good or very bad. In general, the sequence of the description from good to bad is as follows:

非常好 / 特别好

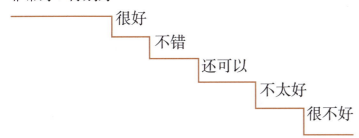

3. 王阿姨

在这里，"阿姨"是对与母亲年龄相当、没有亲属关系的妇女的称呼，前面可以加上姓，也可以不加。如：

Used to address female of one's mother's generation; sometimes preceded by a surname. For example:

（1）李阿姨来了。
（2）王阿姨呢？
（3）阿姨，您好！

4. 听说你病了

"听说"意思是听别人说，可以作谓语。比如："你听说过这个人吗？""我已经听说了这件事。"可以用在句首，比如："听说他妈妈来了。""听小王说明天有雨。"也可以作插入语，等于"我听别人说"。如："你病了，我是听小王说的，现在怎么样？"。

"听说" means be told of. It can be used as a predicate, for example, "你听说过这个人吗？" "我已经听说了这件事。" It can be used at the beginning of a sentence, for example, "听说他妈妈来了。" "听小王说明天有雨。" It can also be used as a parenthesis, equal to "我听别人说". For example, "你病了，我是听小王说的，现在怎么样？"

5. 请告诉我妈妈

"我妈妈"也可以说"我的妈妈"。在用"的"表示领属的结构中，当中心语是表示亲属、师长等名词时，常常省略"的"。比如："他哥哥、我父亲、我们老师、他们学校、你家"等。但不能说"我狗、他书"等，要说："我的狗、他的书"。

"我妈妈" can be also said as "我的妈妈". In the "的" structure of indicating subordination or property, "的" is often omitted when the key word is a noun indicating family members, teachers, etc. For example: "他哥哥、我父亲、我们老师、他们学校、你家". However, we must say "我的狗、他的书" instead of "我狗、他书".

练 习 Exercises

一 发音练习 Pronunciation practice

1. 辨音练习 Distinguish the following syllables

   ① re le ② xia xiao shao ③ huan fan ④ fan fang huang

2. 单音节练习 One-syllable drills

   fēng   yè   cuò   máng   lěng   ràng   yí   yǐ   yǔ

3. 多音节练习 Polysyllable drills

   búcuò　　tèbié　　hěn lěng　　bú tài máng　　hái kěyǐ　　zěnmeyàng

4. 听听哪个对？Listen and choose the correct one

天气 tiánqì	非常 huīcháng	听说 tīngshuō	放心 huàng xīn
tiānqí	fèizháng	tīngshōu	fàng xīn
tiānqì	fēicháng	tìngshuó	fáng xìn

5. 绕口令 A tongue twister

   > Duōduō hé gēge, zuòxià fēn guǒ guo.　　多多和哥哥，坐下分果果。
   > Gēge ràng duōduō, duōduō ràng gēge.　　哥哥让多多，多多让哥哥。
   > Dōu shuō yào xiǎo gè, wàipó lè hēhē.　　都说要小个，外婆乐呵呵。

二　听与读 Listen and read

千山鸟飞绝，　　Qiān shān niǎo fēi jué,
万径人踪灭。　　Wàn jìng rén zōng miè.
孤舟蓑笠翁，　　Gū zhōu suō lì wēng,
独钓寒江雪。　　Dú diào hán jiāng xuě.

三　用正确的语调朗读下面的句子 Read the following sentences in correct intonation

1. 今天天气怎么样？
2. 不错。
3. 这儿的冬天冷不冷？
4. 非常大。
5. 特别热。
6. 您怎么来了？
7. 最近学习忙不忙？
8. 还可以。

四　替换练习 Substitution

1. 今天天气怎么样？　　　　　　　　2. 今天很热。

   这儿的天气
   食堂的菜
   你买的自行车
   你现在的宿舍
   一班的口语课

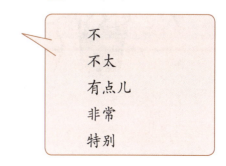

不
不太
有点儿
非常
特别

3. 听说你病了，所以我来看看你。

> 明天是他的生日　　　　我要给他买一件礼物
> 北京的冬天很冷　　　　我要买一件大衣*
> 他喜欢喝咖啡　　　　　我请他去咖啡馆儿*
> 那个饭馆儿的饺子很好吃　去那儿吃饺子的人很多
> 他常常上网买东西　　　我让他帮我下订单

4. 你让她放心。

> 老师　　　我听写生词
> 安妮　　　我帮她下订单
> 老师　　　他回答这个问题
> 他　　　　我买那辆蓝色的自行车
> 你不能　　孩子*喝酒
> 谁　　　　你不高兴了？

五 请参考下面的句式看图说话：

Make up dialogues by using the following sentence patterns according to the following pictures:

甲：明天天气怎么样？
乙：_____。

热

六 参照例句，用类似的句式提问并选择括号里的词语回答
Ask questions as the example and choose the words in the brackets to answer

例： 甲： 这儿的冬天冷不冷？
乙： 非常（不太、很、特别、有点儿）冷。

1. 春天的风
2. 这儿的夏天
3. 你的学习
4. 你的宿舍
5. 食堂的饭
6. 你们的教室
7. 她的衣服
8. 你买的葡萄

七 根据实际情况互相问答
According to fact ask and answer the following questions in pairs

1. 今天的天气怎么样？
2. 你喜欢今天的天气吗？你喜欢什么天气？
3. 今天有风吗？风大不大？
4. 你觉得这个地方的天气怎么样？
5. 来中国以后你身体怎么样？
6. 你最近学习忙不忙？
7. 学校食堂的饭菜好吃吗？
8. 你习惯在中国的生活*吗？
9. 你来中国学习，家里人放心吗？

八 以王阿姨的口气向李文静的妈妈介绍李文静的生活情况
Introduce Li Wenjing's life to her mother by acting as Aunt Wang

九 成段表达 Narration

我在_____的生活

第十五课 一个星期有多少节课?
Yí ge xīngqī yǒu duōshao jié kè?

(一)

(课间休息 Break during class)

杰 夫： 安妮，什么时候放寒假？
Jiéfū: Ānnī, shénme shíhou fàng hánjià?

安 妮： 一月十五号。
Ānnī: Yīyuè shíwǔ hào.

杰 夫： 期末考试是什么时候？
Jiéfū: Qīmò kǎoshì shì shénme shíhou?

安 妮： 开学的时候，老师说过，好像是从一月八号到十四号。
Ānnī: Kāixué de shíhou, lǎoshī shuō guo, hǎoxiàng shì cóng yīyuè bā hào dào shísì hào.

杰 夫： 圣诞节放假吗？
Jiéfū: Shèngdàn Jié fàng jià ma?

安 妮： 不放假。
Ānnī: Bú fàng jià.

杰　夫：	寒假有多长时间？	
Jiéfū:	Hánjià yǒu duō cháng shíjiān?	
安　妮：	大概一个月。	
Ānnī:	Dàgài yí ge yuè.	

（二）

（在去教室的路上 On the way to the classroom）

朴志永：	安妮，去上课吗？	
Piáo Zhìyǒng:	Ānnī, qù shàng kè ma?	
安　妮：	对。	
Ānnī:	Duì.	
朴志永：	这个学期你有几门课？	
Piáo Zhìyǒng:	Zhè ge xuéqī nǐ yǒu jǐ mén kè?	
安　妮：	三门。语法、口语和听力。你呢？	
Ānnī:	Sān mén. Yǔfǎ, kǒuyǔ hé tīnglì. Nǐ ne?	
朴志永：	我有四门课。	
Piáo Zhìyǒng:	Wǒ yǒu sì mén kè.	
安　妮：	你一个星期有多少节课？	
Ānnī:	Nǐ yí ge xīngqī yǒu duōshao jié kè?	
朴志永：	二十节。语法和口语每门八节，还有两节听力课，两节汉字课。	
Piáo Zhìyǒng:	Èrshí jié. Yǔfǎ hé kǒuyǔ měi mén bā jié, hái yǒu liǎng jié tīnglìkè, liǎng jié Hànzìkè.	
安　妮：	今天你有几节课？	
Ānnī:	Jīntiān nǐ yǒu jǐ jié kè?	
朴志永：	上午两节，下午两节，一共四节。	
Piáo Zhìyǒng:	Shàngwǔ liǎng jié, xiàwǔ liǎng jié, yígòng sì jié.	

（三）

（朴志永说 Piao Zhiyong says）

我在三班，安妮在二班。我有四门课，她有三门课。每个星期我们都有二十节课。我们班人太多，有十七个学生；他们班人少，只有十二个。

Wǒ zài sān bān, Ānnī zài èr bān. Wǒ yǒu sì mén kè, tā yǒu sān mén kè. Měi ge xīngqī wǒmen dōu yǒu èrshí jié kè. Wǒmen bān rén tài duō, yǒu shíqī ge xuésheng; tāmen bān rén shǎo, zhǐ yǒu shí'èr ge.

（四）

（田老师介绍说 Teacher Tian explains）

一个学年有两个学期：第一个学期从九月到第二年一月，一共有十九周；第二个学期从二月到七月，一共有十八周。冬天放寒假，夏天放暑假。

Yí ge xuénián yǒu liǎng ge xuéqī: Dì yī ge xuéqī cóng jiǔyuè dào dì èr nián yīyuè, yígòng yǒu shíjiǔ zhōu; Dì èr ge xuéqī cóng èryuè dào qīyuè, yígòng yǒu shíbā zhōu. Dōngtiān fàng hánjià, xiàtiān fàng shǔjià.

注 释 Notes

1. 老师说过

助词"过"用在动词后面，表示过去曾经有这样的事情。如："我看过那本书。""我去过上海。（现在不在上海）"否定式用"没 + V. + 过"。如："我没去过上海。"

The particle "过" is added after a verb to express the past action. For example, "我看过那本书。" "我去过上海。(I am not in Shanghai now)" The negative form is "没 + V.+ 过". For example, "我没去过上海。"

2. 寒假有多长时间？

"多 + 形容词"用来询问程度、数量。做谓语时，"多"前常用"有"。如：
"多 + 形容词" is used to inquire the degree or quantity. When used as a predicate, "多" is often preceded by "有". For example:

（1）从这儿到天安门（有）多远？
（2）你（有）多高？
（3）这个房间（有）多大？

（4）这个包（有）多重？

3. "一月"和"一个月"

"一月"是名词，指一年中的第一个月，一年有十二个月：一月、二月、三月……十二月；"一个月"是数量结构，表示三十天左右的一段时间。

"一月" is a noun, referring to January, the first month of a year. There are twelve months in a year, January, February, March... December. "一个月" is a structure composed by a numeral and a measure word, meaning a period of time, about 30 days.

4. 一共有十九周

"周"表示"星期"。"星期一……星期天"分别可以说"周一……周日"。和"星期"的用法不同的是："周"前面不需要用量词。如：

"周" means "星期". "星期一……星期天" can be said as "周一……周日". "周" doesn't need to be preceded by a measure word, which is different from "星期". For example:

三个星期　　三周

练习 Exercises

一 发音练习 Pronunciation practice

1. 单音节练习 One-syllable drills

   kǎo　jià　jié　zhōu　hào　mò　zhǐ　shǎo

2. 多音节练习 Polysyllable drills

   qīmò　kǎoshì　Shèngdàn Jié　yí ge yuè　dì èr nián　měi ge xīngqī

3. 听听哪个对？ Listen and choose the correct one

   寒假 hánjià　　语法 yǐfǎ　　下午 xiěwú　　不放暑假 bù fáng shújiā
   　　　hénjià　　　　yǔfǎ　　　　xiěwǔ　　　　　　　bú fàng shǔjià
   　　　hānjiǎ　　　　yùfá　　　　xiàwǔ　　　　　　　bù fǎng shǔjià

4. 绕口令 A tongue twister

Xībiān yǒu tiáo xiǎoxī,	西边有条小溪，
Xībiān zhùzhe Xiǎojú.	溪边住着小菊。
Xiǎoxī bāng Xiǎojú xǐ xì mǐ,	小溪帮小菊洗细米，
Xiǎojú zài xiǎoxī biān mō xiǎo yú.	小菊在小溪边摸小鱼。

二 听与读 Listen and read

离离原上草，　　　　Lí lí yuán shàng cǎo,
一岁一枯荣。　　　　Yí suì yì kū róng.
野火烧不尽，　　　　Yě huǒ shāo bú jìn,
春风吹又生。　　　　Chūn fēng chuī yòu shēng.

三 用正确的语调朗读下面的句子 Read the following sentences in correct intonation

1. 什么时候放寒假？
2. 寒假有多长时间？
3. 大概一个月。
4. 这个学期你有几门课？
5. 你一个星期有多少节课？
6. 今天你有几节课？
7. 一月十五号放寒假。
8. 每个星期我们都有二十节课。
9. 第一个学期从九月到第二年一月。

四 替换练习 Substitution

1. 什么时候<u>放寒假</u>？

```
放暑假
回国*
期末考试
结婚*
开学
一起去吃饭
```

2. <u>老师说</u>过<u>十四号考试</u>吗？

```
你吃        烤鸭*
以前你去    那个地方
你看        那个电影*
你请        假
你学        书法*
```

3. <u>寒假有</u>多长时间？

```
考试考了
聊天儿聊了
学汉语学了
从美国到北京*
```

4. <u>每个星期</u>都<u>有二十节课</u>。

```
个月        有一个考试
天          有课
年          去旅行
个班        有韩国学生
个人        喜欢吃烤鸭
个苹果      很甜
```

5. 他们班只有十二个人。

> 我　　去过长城*
> 她　　买了几个橘子
> 我　　上了一门课
> 她　　有一个朋友

五 选出最合适的应答句 Choose the correct answer

1. 你什么时候去那儿？
   - ☐ 一个月。
   - ☐ 一月。

2. 她什么时候说过要回国？
   - ☐ 昨天吃饭的时间。
   - ☐ 昨天吃饭的时候。

3. 坐飞机*从日本到北京多长时间？
   - ☐ 大概三个小时。
   - ☐ 大概三个时间。

4. 这学期你有几门课？
   - ☐ 三个门课。
   - ☐ 三门课。

5. 你在那儿住了多长时间？
   - ☐ 三个周。
   - ☐ 三星期。
   - ☐ 三周。

6. 你学过这个词吗？
   - ☐ 不学过。
   - ☐ 没学过。

7. 你回国以后想什么时候给她打电话？
   - ☐ 明天。
   - ☐ 第二天。

六 说出相应的上句 Ask questions according to the answers

1. 甲：_____？
   乙：我的生日是5月16号。

2. 甲：_____？
   乙：我看了两个小时电视。

3. 甲：_____？
   乙：来中国以前，我学了半年汉语。

4. 甲：_____？
   乙：明天我有两门课。

5. 甲：_____？
   乙：每个星期我们有八节口语课。

6. 甲：_____？
   乙：我们学校有一万*多学生。

七 体会加点词语的用法，用相同的句式做新的对话

Pay attention to the use of the dotted words and make up new dialogues in the same sentence patterns

1. 甲： 今天你有几节课？
   乙： 四节。

2. 甲： 一个星期有多少节课？
   乙： 二十四节。

3. 甲： 咱们什么时候放寒假？
   乙： 一月十五号。

4. 甲： 寒假放多长时间？
   乙： 一个半月。

八 合理发问：下面是一些问题的应答语，请说出问句是什么

Ask questions: the following are the answers to certain questions, what should the questions probably be?

（三门）　　　　　（十六节）　　　　（七点半）　　　　（五天）
（两个小时）　　　（四十五分钟）　　（三个）　　　　　（九月）
（明年二月）　　　（第一次*）　　　（八十块）　　　　（九个月）

九 互相问答 Practice questions and answers in pairs

1. 你每天几点起床？
2. 这个学期是什么时候开学的？
3. 这学期你有几门课？都是什么课？
4. 你一个星期上多少节课？
5. 今天你有哪几门课？

6. 你们班有多少学生？

7. 这个学期有多少周？从什么时候到什么时候？

8. 中国的学期和你们国家*的一样*吗？

十 根据下面的两个话题选用下面的词语成段表达

Make a statement according to the following topics by using the following words and expressions

| 节 | 门 | 每 | 学年 | 学期 | 周 | 放 | 考试 | 寒假 | 暑假 |

1. 我这个学期有……门课……
2. 我的中学*

你知道吗？ Do You Know? (3)

时间和地点的顺序

今天是几月几号？回答是：2014年10月19号。写信或寄快递的时候，信封或快递单上的地址怎么写？"中国北京市海淀区北京大学中关新园1号楼103房间"。

你看出来了吗？时间和地点的顺序都是从大到小排列的。这跟你们国家的习惯一样不一样？

How To Write a Date and an Address?

What's the date today? The answer in Chinese is 2014年10月19号 (Today is 2014, October 19th). How to write an address of a letter or an express waybill? "中国北京市海淀区北京大学中关新园1号楼103房间"。

("P.R.C. Beijing Peking University Zhongguanxinyuan Building No. 1 Room 103").

Have you noticed the sequence of the date and address in Chinese? The larger parts precedes the smaller ones. Is it the same in your country?

第十六课 Qǐngwèn, qù dòngwùyuán zěnme zǒu?
请问，去 动物园 怎么 走？

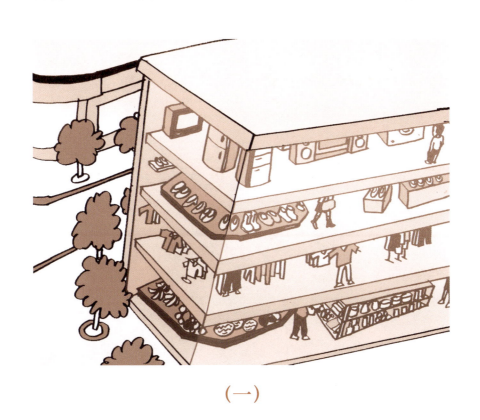

（一）

（在商场里 In the shopping mall）

彼 得： 你好！请问哪儿卖鞋？
Bǐdé: Nǐ hǎo! Qǐngwèn nǎr mài xié?

售货员： 三楼，右边。
Shòuhuòyuán: Sān lóu, yòubian.

彼 得： 谢谢。
Bǐdé: Xièxie.

售货员： 不用谢。
Shòuhuòyuán: Búyòng xiè.

（二）

（在马路上 On the road）

安 妮： 先生，请问，去动物园怎么走？
Ānnī: Xiānsheng, qǐngwèn, qù dòngwùyuán zěnme zǒu?

路 人： 往前走，马路左边就是。
Lùrén: Wǎng qián zǒu, mǎlù zuǒbian jiù shì.

安 妮： 远吗？
Ānnī: Yuǎn ma?

路 人： 不远，走几分钟就到了。
Lùrén: Bù yuǎn, zǒu jǐ fēnzhōng jiù dào le.

安 妮： 谢谢您。
Ānnī: Xièxie nín.

路 人： 不客气。
Lùrén: Bú kèqi.

（三）

（在学校医院 In the school hospital）

杰　夫：　同学，请问牙科在哪儿？
Jiéfū:　　Tóngxué, qǐngwèn yákē zài nǎr?

一学生：　我也不太清楚，好像在二楼，你再问问别人吧。
Yì xuésheng:　Wǒ yě bú tài qīngchu, hǎoxiàng zài èr lóu, nǐ zài wènwen biéren ba.

（杰夫上了二楼 Jeff goes to the second floor）

杰　夫：　大夫，请问牙科是在二楼吗？
Jiéfū:　　Dàifu, qǐngwèn yákē shì zài èr lóu ma?

大　夫：　是，往前走，再往右拐，左边第二个门就是。
Dàifu:　　Shì, wǎng qián zǒu, zài wǎng yòu guǎi, zuǒbian dì èr ge mén jiù shì.

杰　夫：　太谢谢你了。
Jiéfū:　　Tài xièxie nǐ le.

（四）

（杰夫告诉安妮 Jeff tells Annie）

　　这几天我的牙很疼。昨天下课以后，我去医院看牙，可是我不知道牙科在哪儿。我问了两个人才找到。牙科在二层，上楼以后往前走，再往右拐，左边第二个门就是。

　　Zhè jǐ tiān wǒ de yá hěn téng. Zuótiān xià kè yǐhòu, wǒ qù yīyuàn kàn yá, kěshì wǒ bù zhīdào yákē zài nǎr. Wǒ wènle liǎng ge rén cái zhǎodào. Yákē zài èr céng, shàng lóu yǐhòu wǎng qián zǒu, zài wǎng yòu guǎi, zuǒbian dì èr ge mén jiù shì.

注 释 Notes

1. 称呼：先生 / 同学 / 大夫

"先生"一般是对男士的称呼，有时候可以在前面加上姓，如：
"先生" is usually used to address a male. A surname is often added before "先生", for example:

李先生、王先生。

"同学"是在学校里对学生的称呼，前面一般不加姓。如：
"同学" is used at school to address students. A surname is not usually added in front of "同学". For example:

（1）同学，请问，教学楼在哪儿？
（2）这位同学，那是你的书吗？

"大夫"是对医生的称呼，前面可以加上姓，如：
"大夫" is used to address a doctor, which is preceded by a surname, for example:

张大夫、王大夫。

2. 马路左边就是

这里的"就"表示情况是这样，不是别的情况，有强调的作用，用在动词的前面。如：
The word "就" means exactly or precisely. It precedes a verb for emphasis. For example:

（1）你找王平吗？我就是。
（2）这个人就是他哥哥。
（3）二班的教室就在这儿。

3. 走几分钟就到了

这里的"几"表示大概的数量，并且数量不多。如：
"几" indicates a round number, a few, not many, for example:

（1）我买了几本书。
（2）还有几个人没来。

4. 太谢谢你了

这里的"太+形容词/动词+了"表示程度高。如：
The structure of "太 + adjective/verb + 了" means a high degree. For example:

（1）太好了！
（2）我最近太忙了！
（3）太有意思了！

第十六课　请问，去动物园怎么走？ 16

练　习　Exercises

一　发音练习 Pronunciation practice

1. 跟老师读下面的词语，找出各组中与其他词语声调不同的两个词语
   Read after the teacher and find out the two words differed from others in tone

   （1）　现在　　再见　　所以　　上课　　教室
   　　　宿舍　　马路　　睡觉　　寄信　　下课

   （2）　英国　　喝茶　　没有　　欢迎　　非常
   　　　开门　　阿姨　　生活　　练习　　关门

   （3）　学校　　一共　　习惯　　问题　　寒假
   　　　不错　　身体　　不用　　迟到　　还是

2. 将声调相同的词语归类： Classify the following words in the same tone:

昨天　冬天　这里　听说　自己　回答　着急　学习
音乐　天气　明天　聊天　秋天　多大　一起

   （1）　咖啡
   （2）　食堂
   （3）　高兴
   （4）　旁边
   （5）　下午

二　听与读 Listen and read

1. 他跑了。　　　　　　　Tā pǎo le.
   他饱了。　　　　　　　Tā bǎo le.
2. 买一包烟。　　　　　　Mǎi yì bāo yān.
   买一包盐。　　　　　　Mǎi yì bāo yán.
3. 我像妈妈。　　　　　　Wǒ xiàng māma.
   我想妈妈。　　　　　　Wǒ xiǎng māma.
4. 我买杯子。　　　　　　Wǒ mǎi bēizi.
   我买被子。　　　　　　Wǒ mǎi bèizi.
5. 这是我的同屋。　　　　Zhè shì wǒ de tóngwū.
   这是我的动物。　　　　Zhè shì wǒ de dòngwù.

三 用正确的语调朗读下面的句子 Read the following sentences in correct intonation

1. 请问哪儿卖鞋？
2. 先生，请问，去动物园怎么走？
3. 不远，走几分钟就到了。
4. 同学，请问牙科在哪儿？
5. 我也不太清楚。
6. 往前走，再往右拐，左边第二个门就是。
7. 太谢谢你了。
8. 不客气。

四 替换练习 Substitution

1. 请问哪儿卖鞋？

   大衣
   汉语听力书
   这种汉语词典*
   这种茶叶*
   电脑

2. 请问，去动物园怎么走？

   留学生宿舍
   餐厅*
   办公室
   书店*
   你的家

3. 走几分钟就到了。

看	分钟	明白*
休息	周	开学
认识*	个月	结婚
吃	个饺子	走
玩儿	分钟	不喜欢
感冒	天	好

4. 牙科好像在二楼。

学校里	没有医院
这儿	不卖吃的
他们	不是老师
今天	没有听力课
圣诞节	不放假

5. 你再问问别人吧。

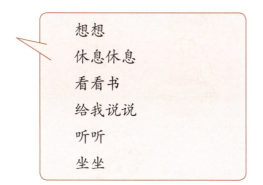

想想
休息休息
看看书
给我说说
听听
坐坐

6. 请问,牙科是在二楼吗?

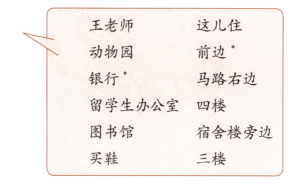

王老师	这儿住
动物园	前边*
银行*	马路右边
留学生办公室	四楼
图书馆	宿舍楼旁边
买鞋	三楼

7. 往前走,再往右拐。

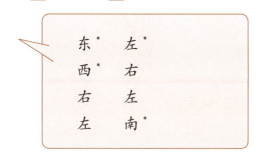

东*	左*
西*	右
右	左
左	南*

8. 太谢谢你了。

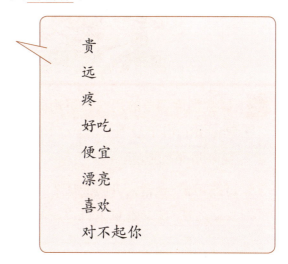

贵
远
疼
好吃
便宜
漂亮
喜欢
对不起你

五 选出最合适的应答句 Choose the correct answer

1. 请问听力教室在几楼?
   ☐ 三个楼。
   ☐ 三号楼。
   ☐ 三楼。

2. 远吗?
   ☐ 不远。
   ☐ 没远。

3. 请问,去医院怎么走?
   ☐ 前走。
   ☐ 往前走。
   ☐ 走前边。

六 看图说话 Make statements according to the picture

对下面图中的人应该称呼什么?请用合适的称呼对图中的人各提一个问题。

How to address the people in the following pictures? Ask a question to each person with a proper address.

七 体会加点词语的用法，用相同的句式做新的对话

Pay attention to the use of the dotted words and make up new dialogues in the same sentence patterns

1. 甲：她常常几点起床？
   乙：她常常早上六点就起床了。

2. 甲：你今天是几点起床的？
   乙：我今天十二点才起床。

3. 甲：从这儿走到那儿得多长时间？
   乙：五分钟就到了。

4. 甲：这本书你看了多长时间？
   乙：我看了一年才看完。

八 两个人一组选用下面的句式和词语对话

Make up dialogues in pairs by using the following words and sentence patterns

请问，去……怎么走？	拐	往	左	右
……在哪儿？	马路	楼	远	近*
……是在这儿吗？	走	路口*		
哪儿有……？				
远吗？有多远？				

画一画，说一说，你们学校教学楼或宿舍楼的位置和楼里的教室、厕所等地方在哪儿，怎么走。

Draw a map of your school and talk about the layout of your buildings, teaching classroom or dormitory buildings. Where are the classroom, washroom and so on? How do you get there?

九 互相问答 Ask and answer in pairs

1. 你住在哪儿？你的宿舍在几楼？
2. 从你的宿舍到教室远吗？
3. 从你的宿舍走到教室得多长时间？
4. 你知道校医院在哪儿吗？
5. 你喜欢住在几楼？

十 成段表达 Narration

给同学们介绍一个地方。要介绍下面的内容：

Introduce a place to your classmates. Your introduction should include:

1. 那个地方在哪儿？ Where is the place?
2. 你是什么时候去的那个地方？去干什么？ When did you go there? For what purpose?
3. 那个地方怎么样？有什么东西？ How is the place? What did you see there?
4. 去那儿怎么走？ How do you get there?

第十七课 又好吃又便宜
Yòu hǎochī yòu piányi

（一）

（在饭馆儿 In a restaurant）

服务员： 欢迎光临！您几位？
Fúwùyuán: Huānyíng guānglín! Nín jǐ wèi?

杰 夫： 三个人。
Jiéfū: Sān ge rén.

服务员： 里面请。
Fúwùyuán: Lǐmian qǐng.

（三个人坐下以后 After the three persons sit down）

杰 夫： 你们喜欢吃什么菜？
Jiéfū: Nǐmen xǐhuan chī shénme cài?

安 妮： 我喜欢又酸又甜的。
Ānnī: Wǒ xǐhuan yòu suān yòu tián de.

第十七课　又好吃又便宜

杰　夫：你呢？丽莎。
Jiéfū: Nǐ ne? Lìshā.

丽　莎：我喜欢辣的。
Lìshā: Wǒ xǐhuan là de.

杰　夫：服务员！点菜！
Jiéfū: Fúwùyuán! Diǎn cài!

服务员：你们好！这是菜单，吃点儿什么？
Fúwùyuán: Nǐmen hǎo! Zhè shì càidān, chīdiǎnr shénme?

杰　夫：又酸又甜的有什么菜？
Jiéfū: Yòu suān yòu tián de yǒu shénme cài?

服务员：有糖醋鱼、西红柿炒鸡蛋什么的。
Fúwùyuán: Yǒu tángcùyú, xīhóngshì chǎojīdàn shénmede.

安　妮：我不太喜欢吃鱼，来个西红柿炒鸡蛋怎么样？
Ānnī: Wǒ bú tài xǐhuan chī yú, lái ge xīhóngshì chǎojīdàn zěnmeyàng?

丽　莎：好。我要个鱼香茄子。
Lìshā: Hǎo. Wǒ yào ge yúxiāng qiézi.

杰　夫：鱼和茄子？安妮说她不喜欢吃鱼。
Jiéfū: Yú hé qiézi? Ānnī shuō tā bù xǐhuan chī yú.

丽　莎：你别担心，鱼香茄子里面没有鱼，"鱼香"只是一种味道。
Lìshā: Nǐ bié dān xīn, yúxiāng qiézi lǐmian méiyǒu yú, "yúxiāng" zhǐ shì yì zhǒng wèidào.

杰　夫：是什么味道？
Jiéfū: Shì shénme wèidào?

丽　莎：我也说不清楚，一会儿你吃了就知道了。
Lìshā: Wǒ yě shuō bu qīngchu, yíhuìr nǐ chīle jiù zhīdào le.

杰　夫：好吧。我点个肉菜，来一个铁板牛肉，再来个炒土豆丝。四个菜够不够？
Jiéfū: Hǎo ba. Wǒ diǎn ge ròucài, lái yí ge tiěbǎn niúròu, zài lái ge chǎotǔdòusī. Sì ge cài gòu bu gòu?

安　妮：够了。
Ānnī: Gòu le.

丽　莎：	来三碗米饭。
Lìshā:	Lái sān wǎn mǐfàn.
服务员：	喝点儿什么？
Fúwùyuán:	Hē diǎnr shénme?
杰　夫：	两瓶啤酒。我们很饿，快一点儿好吗？
Jiéfū:	Liǎng píng píjiǔ. Wǒmen hěn è, kuài yìdiǎnr hǎo ma?
服务员：	好的，马上就来。
Fúwùyuán:	Hǎo de, mǎshàng jiù lái.

（二）

（一个小时以后 After an hour）

安　妮：	丽莎，这个饭馆儿的菜怎么样？
Ānnī:	Lìshā, zhè ge fànguǎnr de cài zěnmeyàng?
丽　莎：	这儿的菜比食堂的菜香多了。
Lìshā:	Zhèr de cài bǐ shítáng de cài xiāng duō le.
杰　夫：	你们吃饱了吗？
Jiéfū:	Nǐmen chībǎo le ma?
安　妮：	太饱了。你多吃一点儿吧。
Ānnī:	Tài bǎo le. Nǐ duō chī yìdiǎnr ba.
杰　夫：	我也饱了。吃不完的菜打包吧。服务员！结账！
Jiéfū:	Wǒ yě bǎo le. Chī bu wán de cài dǎbāo ba. Fúwùyuán! Jié zhàng!

（三）

（杰夫对彼得说 Jeff says to Peter）

　　昨天我和安妮、丽莎一起去饭馆儿吃饭。我们要了四个菜，味道都不错。我觉得那儿的菜又好吃又便宜。

　　Zuótiān wǒ hé Ānnī, Lìshā yìqǐ qù fànguǎnr chī fàn. Wǒmen yàole sì ge cài, wèidào dōu búcuò. Wǒ juéde nàr de cài yòu hǎochī yòu piányi.

注 释　Notes

1. 我喜欢又酸又甜的 / 我觉得那儿的菜又好吃又便宜

"又……又……"表示几个动作、状态、情况累积在一起。如：
The expression "又……又……" means a duplication of several actions, states or situations. For example:

（1）她又会唱又会跳。
（2）这个学生又聪明又努力。
（3）这孩子又白又胖。

2. 有糖醋鱼、西红柿炒鸡蛋什么的

"什么的"用在一个成分或几个成分的后面（一般用在句尾），表示列举没有完。如：
"什么的" following an item or several items (usually at the end of the sentence), indicates the enumeration has not finished yet. For example:

（1）打球、唱歌什么的，他都喜欢。
（2）这儿的早饭很丰富，有包子、饺子、面包什么的。

3. 来个西红柿炒鸡蛋怎么样？

这里的"来"是"要"的意思，在饭馆儿点菜或在商店买食品时常用。如：
"来" here means "want", it is often used while ordering dishes in a restaurant or buying foods and drinks in a shop. For example:

（1）来两瓶啤酒。
（2）来一斤蛋糕。

4. 我也说不清楚 / 吃不完的菜打包吧

"说不清楚"和"吃不完"是可能补语的否定形式，意思是"不能说清楚""不能吃完"，肯定式是"说得清楚"和"吃得完"。其他的可能补语如："看不懂、听不清楚、写不完、吃不饱、借不到"等。

"说不清楚" and "吃不完" are the negative forms of potential complements. Their meanings are, "can't speak clearly". and "can't finish eating it". The affirmative form is "说得清楚"和"吃得完". Other potential complements include: "看不懂、听不清楚、写不完、吃不饱、借不到", etc.

5. 这儿的菜比食堂的菜香多了

用"比"表示比较的句式是："A 比 B + 形容词性成分"。如：

The sentence pattern for making comparison with the preposition "比" is: "A 比 B + adjective element". For example:

（1）小王比小张高。

（2）今天比昨天冷一点儿。

注意：如果要强调"比"后的形容词程度高，不能在形容词前用"很"，不能说"A 比 B 很 + 形容词"，一般说"A 比 B+ 形容词 + 多了"。

Please note：If you want to emphasize the high degree of the adjective after "比", it is unacceptable to use "很" before the adjective. Instead, "A 比 B+adjective+ 多了" is commonly used.

另外，"比"字句的否定形式是"A 没有 B+ 形容词"。如：

In addition, the negative form of the "比" comparative sentence is "A 没有 B+adjective". For example:

（1）小张没有小王高。（✓）

（2）小张比小王不高。（×）

练 习 Exercises

一 发音练习 Pronunciation practice

1. 跟老师读下面的词语，找出各组中与其他词语声调不同的两个词语

   Read after the teacher and find out the two words differed from others in tone

   （1） 冬天　　分钟　　酸甜　　餐厅　　今天
   　　　咖啡　　明天　　喝汤　　听说　　星期

   （2） 鸡蛋　　期末　　早饭　　生日　　听力
   　　　多大　　医院　　音乐　　方便　　学校

   （3） 打包　　晚饭　　每天　　好吃　　烤鸭
   　　　好喝　　寒假　　老师　　哪边　　想家

2. 将声调相同的词语归类 Classify the following words in the same tone

   | 喝茶 | 书店 | 穿鞋 | 不高 | 刚才 | 什么 | 别的 | 夏天 |
   | 吃饭 | 音乐 | 听力 | 蓝的 | 回去 | 不听 | 说话 | |

   （1） 阿姨

   （2） 天气

   （3） 菜单

   （4） 觉得

二 听与读 Listen and read

妞妞不爱吃肉，不爱吃豆， Niūniu bú ài chī ròu, bú ài chī dòu,
吃饭发愁，越来越瘦。 Chī fàn fā chóu, yuèláiyuè shòu.
牛牛又爱吃肉，又爱吃豆， Niúniu yòu ài chī ròu, yòu ài chī dòu,
吃饭不愁，壮得像牛。 Chī fàn bù chóu, zhuàng de xiàng niú.

三 用正确的语调朗读下面的句子 Read the following sentences in correct intonation

1. 你们吃点儿什么？
2. 我喜欢又酸又甜的。
3. 服务员，点菜！
4. 又酸又甜的有什么菜？
5. 来个西红柿炒鸡蛋怎么样？
6. 我也说不清楚，一会儿你吃了就知道了。
7. 四个菜够不够？
8. 快一点儿好吗？
9. 这个饭馆儿的菜怎么样？
10. 你们吃饱了吗？
11. 你多吃一点儿吧。
12. 服务员，结账！

四 替换练习 Substitution

1. 我喜欢又酸又甜的。

酸	辣
大	甜
好吃	便宜
便宜	漂亮

2. 又酸又甜的有糖醋鱼、西红柿炒鸡蛋什么的。

桌子上	书、笔、本子*、词典
宿舍里	桌子、椅子*、床*
早饭	牛奶*、面包、鸡蛋
楼里	教室、宿舍、办公室

3. 来个西红柿炒鸡蛋怎么样？

　　瓶啤酒
　　一斤饺子
　　杯咖啡
　　个冰激凌*
　　两碗米饭
　　个西红柿鸡蛋汤*

4. 我也说不清楚。

　　听　　懂他们说的话
　　看　　清楚那个汉字
　　做　　完今天的作业
　　吃　　完一斤饺子
　　喝　　完两瓶啤酒
　　说　　清楚是什么味道

5. 这儿的菜比食堂的菜香多了。

　　今天　　　昨天冷
　　饺子　　　米饭好吃
　　最近　　　以前忙
　　上午的课　下午的课多
　　写汉字　　说汉语难*

6. 你多吃一点儿吧。

　　你　　喝一点儿
　　咱们　等一会儿
　　你　　问几个问题
　　我　　花了一百块钱

五 选出最合适的应答句 Choose the correct answer

1. 你吃猪肉吗？
   □ 没吃。
   □ 不吃。
   □ 不吃过。

2. 您几位？
   □ 三位人。
   □ 三个人。

3. 你看得懂中文菜单吗？
   □ 看不懂。
   □ 不看懂。
   □ 没看懂。

4. 这个菜味道怎么样？
   □ 好吧。
   □ 不错。

六 说出相应的上句 Ask the questions according to the following answers

1. 甲：_____？
   乙：我喜欢辣的菜。

2. 甲：_____？
   乙：来个铁板牛肉。

3. 甲：_____？
   乙：一碗米饭不够。

4. 甲：_____？
   乙：这个饭馆儿的菜非常好吃。

5. 甲：_____？
   乙：我还没吃饱，再来碗面条儿*吧。

七 根据插图中的情景，仿照例句对话
Make conversations according to the pictures, for example

例：甲：这个饭馆儿的菜怎么样？
   乙：不错。又好吃又便宜。
   甲：这个饭馆儿和那个饭馆儿比，哪个饭馆儿的菜好吃？
   乙：这个饭馆儿的菜比那个饭馆儿的好吃。

小王 高 gāo 胖 pàng   小张 矮 ǎi 瘦 shòu   380 元   280 元

八 两个人一组互相问答 Ask and answer in pairs

1. 你喜欢吃中国菜吗？
2. 你吃过哪些中国菜？味道怎么样？
3. 你喜欢吃什么味道的菜？
4. 你常常去哪个饭馆儿吃饭？那儿有什么好吃的菜？
5. 你会*做什么菜？
6. 你和朋友一起去吃饭的时候，谁点菜？

初级汉语口语　**1**　ELEMENTARY SPOKEN CHINESE

九　参考所给的句式、词语和后面的菜单进行情景会话
Make a conversation by using the following words, sentence patterns and the menu

情景：三四个人一组，一个人扮演饭店服务员，另几个人去吃饭
Situation: Three or four students form a group, one student plays the role of the waiter or waitress, the other students goes act as the customers at the restaurant for dinner

词语：菜单　酸　甜　辣　好吃　味道　饱　打包

句式：
我喜欢……
来（要）一个……
……怎么样？
再来一个……好不好？
一共……
……够不够？
……是用什么做的？

菜　单

凉　菜 Liángcài

松花蛋	小葱拌豆腐	花生米
sōnghuādàn	xiǎocōng bàndòufu	huāshēngmǐ
凉拌西红柿	拌海带丝	拌苦瓜
liángbàn xīhóngshì	bànhǎidàisī	bànkǔguā

海　鲜 Hǎixiān

锅巴三鲜	炒虾仁	糖醋鱼
guōbā sānxiān	chǎoxiārén	tángcùyú
炒鱿鱼		
chǎoyóuyú		

荤　菜 Hūncài

腰果鸡丁	京酱肉丝	鱼香肉丝
yāoguǒ jīdīng	jīngjiàng ròusī	yúxiāng ròusī
铁板牛肉	孜然羊肉	糖醋里脊
tiěbǎn niúròu	zīrán yángròu	tángcù lǐjǐ

素　菜 Sùcài

香菇菜心	炒土豆丝	荷兰豆
xiānggū càixīn	chǎotǔdòusī	hélándòu
鱼香茄子	炒西兰花	麻婆豆腐
yúxiāng qiézi	chǎoxīlánhuā	mápó dòufu

主　食 Zhǔshí

米饭	馒头	面条儿
mǐfà	mátou	miàbtiáor
炒饭	饺子	炒面
chǎofàn	jiǎozi	chǎomiàn

汤 Tāng

三鲜汤	酸辣汤	紫菜汤
sānxiāntāng	suānlàtāng	zǐcàitāng
鸡蛋汤	牛肉羹	
jīdàntāng	niúròugēng	

饮　料 Yǐnliào

可口可乐	啤酒	雪碧
kěkǒu-kělè	píjiǔ	xuěbì
菊花茶	绿茶	橙汁
júhuāchá	lǜchá	chéngzhī

➕ **成段表达** Narration

1. 我最（不）喜欢的菜
2. 我最（不）喜欢的饭馆儿
3. 有一次我和朋友一起去吃饭，……

第十八课

Wǒ xiǎng qǐng nǐ zuò wǒ de fǔdǎo, hǎo ma?
我想请你做我的辅导，好吗？

（一）

安 妮：	你最近忙吗？
Ānnī:	Nǐ zuìjìn máng ma?
王 平：	还可以。有什么事吗？
Wáng Píng:	Hái kěyǐ. Yǒu shénme shì ma?
安 妮：	我想请你做我的辅导，好吗？
Ānnī:	Wǒ xiǎng qǐng nǐ zuò wǒ de fǔdǎo, hǎo ma?
王 平：	好啊！你想让我辅导什么？
Wáng Píng:	Hǎo a! Nǐ xiǎng ràng wǒ fǔdǎo shénme?
安 妮：	我想练习汉语口语。每星期辅导两次，每次一个小时，可以吗？
Ānnī:	Wǒ xiǎng liànxí Hànyǔ kǒuyǔ. Měi xīngqī fǔdǎo liǎng cì, měi cì yí ge xiǎoshí, kěyǐ ma?
王 平：	没问题。什么时候辅导好？
Wáng Píng:	Méi wèntí. Shénme shíhou fǔdǎo hǎo?

安 妮：	星期一、四的下午五点到六点，怎么样？	
Ānnī:	Xīngqīyī、sì de xiàwǔ wǔ diǎn dào liù diǎn, zěnmeyàng?	
王 平：	星期一下午我有课，星期二行吗？	
Wáng Píng:	Xīngqīyī xiàwǔ wǒ yǒu kè, xīngqī'èr xíng ma?	
安 妮：	行。一个小时多少钱？	
Ānnī:	Xíng. Yí ge xiǎoshí duōshao qián?	
王 平：	我不要钱。	
Wáng Píng:	Wǒ bú yào qián.	
安 妮：	那不行。	
Ānnī:	Nà bù xíng.	
王 平：	这样吧，要是你有时间，就帮我练习英语口语，怎么样？	
Wáng Píng:	Zhèyàng ba, yàoshi nǐ yǒu shíjiān, jiù bāng wǒ liànxí Yīngyǔ kǒuyǔ, zěnmeyàng?	
安 妮：	太好了，咱们互相学习吧。	
Ānnī:	Tài hǎo le, zánmen hùxiāng xuéxí ba.	

（二）

（安妮对杰夫说 Annie says to Jeff）

　　我的口语水平不行，特别是声调有问题，所以我请王平做我的辅导。我希望每个星期辅导两次，每次一个小时。王平高兴地答应了。从下个星期开始，每个星期二、四的下午，他教我一个小时汉语，我教他一个小时英语。

　　Wǒ de kǒuyǔ shuǐpíng bù xíng, tèbié shì shēngdiào yǒu wèntí, suǒyǐ wǒ qǐng Wáng Píng zuò wǒ de fǔdǎo. Wǒ xīwàng měi ge xīngqī fǔdǎo liǎng cì, měi cì yí ge xiǎoshí. Wáng Píng gāoxìng de dāying le. Cóng xià ge xīngqī kāishǐ, měi ge xīngqī'èr、sì de xiàwǔ, tā jiāo wǒ yí ge xiǎoshí Hànyǔ, wǒ jiāo tā yí ge xiǎoshí Yīngyǔ.

（三）

（在教室里 In the classroom）

杰 夫：	安妮，刚才王平着急找你，你不在，手机也关了。	
Jiéfū:	Ānnī, gāngcái Wáng Píng zháojí zhǎo nǐ, nǐ bú zài, shǒujī yě guān le.	

安 妮:	刚才我有课。他说有什么事?
Ānnī:	Gāngcái wǒ yǒu kè. Tā shuō yǒu shénme shì?
杰 夫:	他说今天下午的辅导停一次,他要去见一个朋友。
Jiéfū:	Tā shuō jīntiān xiàwǔ de fǔdǎo tíng yí cì, tā yào qù jiàn yí ge péngyou.
安 妮:	我知道了,谢谢你。
Ānnī:	Wǒ zhīdào le, xièxie nǐ.
杰 夫:	王平辅导得怎么样?
Jiéfū:	Wáng Píng fǔdǎo de zěnmeyàng?
安 妮:	挺好的。
Ānnī:	Tǐng hǎo de.
杰 夫:	你们辅导的时候聊什么?
Jiéfū:	Nǐmen fǔdǎo de shíhou liáo shénme?
安 妮:	爱好、旅行、专业什么的。
Ānnī:	Àihào、lǚxíng、zhuānyè shénmede.
杰 夫:	一定很有意思。下次我也参加,行吗?
Jiéfū:	Yídìng hěn yǒu yìsi. Xià cì wǒ yě cānjiā, xíng ma?
安 妮:	行啊,欢迎,欢迎!
Ānnī:	Xíng a, huānyíng, huānyíng!

注 释 Notes

1. 那不行

代词"那"用在小句的开头,复指前文。如:"周末我们一起去长城吧。——那太好了!""那"有时候起连接作用,同"那么",表示顺着上文的意思或根据上文的条件、情况,说出应该出现的结果或做出决定。上文可以是对方的话,也可以是自己提出来的假设或前提。如:

The pronoun "那" is used at the beginning of a minor clause, referring to the content above. For example: "周末我们一起去长城吧。——那太好了!" "那" sometimes means "那么", Which is consistent with the meaning or situation of the content above. In such sentences, "那" indicates the results or decisions drawn from the situation above. The content above could be the statement of the other party, and could also be one's own assumption or premise. For example:

（1）你要是不喜欢，那就别买了。
（2）我都准备好了。——那咱们走吧。

2. 这样吧

口语中的插入语，常用在句首，表示根据前文的情况做出决定。如：

A parenthesis in oral Chinese is usually used at the beginning of a sentence. It means a decision drawn from the situation above. For example:

他愿不愿意和我们一起去旅行呢？——这样吧，我打个电话问问他。

3. 王平高兴地答应了

"形容词+地"修饰动词或形容词，如："认真地听课、兴奋地说"等。注意：单音节形容词修饰动词时不用"地"。

"Adjective + 地" is an expression with "地" to modify verbs or adjectives, for example: "认真地听课、兴奋地说" and so on. NB: "地" is not used after a one-syllable adjective to modify a verb.

4. 王平辅导得怎么样？

助词"得"连接表示程度或结果的补语。基本形式是"动／形+得+补语"。如：

The auxiliary word "得" precedes a complement, which indicates a degree or outcome. The basic pattern is "verb/adjective + 得 + complement". For example,

说得很好　　听得不太清楚　　来得太早了

5 "挺好的"

副词"挺"表示程度相当高，但一般比"很"程度低。多用于口语。后面常常带"的"。如：

The adverb "挺" means a high degree, but usually not as high as "很". It's often used in oral Chinese, together with "的". For example:

（1）这件衣服挺漂亮的。
（2）老师说得挺清楚的。

练习 Exercises

一 发音练习 Pronunciation practice

1. 跟老师读下面的词语，找出各组中与其他词语声调不同的两个词
   Read after the teacher and find out the two words differed from others in the tone

   （1） 房间　前天　明天　旁边　放心
   　　　 时间　停车　学期　第一　昨天
   （2） 尝尝　常常　回答　回国　留学
   　　　 食堂　花钱　学习　同学　学年
   （3） 好玩儿　六楼　每年　旅行　女孩儿
   　　　 起床　小时　很长　以前　今天

2. 将声调相同的词语归类 Classify the words with the same tone

   | 吃醋 | 手表 | 真的 | 周末 | 他们 | 休息 | 不甜 | 听课 |
   | 早晚 | 去年 | 左拐 | 快来 | 使馆 | 衣服 | 季节 |

   （1） 辅导
   （2） 练习
   （3） 答应
   （4） 专业

二 听与读 Listen and read

人闲桂花落，　　　　Rén xián guìhuā luò,
夜静春山空。　　　　Yè jìng chūn shān kōng.
月出惊飞鸟，　　　　Yuè chū jīng fēi niǎo,
时鸣春涧中。　　　　Shí míng chūn jiàn zhōng.

三 用正确的语调朗读下面的句子 Read the following sentences in correct intonation

1. 你最近忙吗？
2. 我想请你做我的辅导，好吗？
3. 你想让我辅导什么？
4. 什么时候辅导好？
5. 星期二行吗？
6. 咱们互相学习吧。
7. 王平高兴地答应了。

8. 王平辅导得怎么样?

9. 挺好的。

10. 下次我也参加,行吗?

四 替换练习 Substitution

1. 我想请你做我的辅导。

   请你帮我请个假
   让她帮我练习口语
   请你告诉她这件事
   回宿舍休息休息
   去饭馆吃饺子

2. 什么时候辅导好?

   去哪儿玩儿
   哪个饭馆的菜
   每周辅导几次
   这件事找谁帮忙*
   什么时候去你家

3. 王平高兴地答应了。

   我想随便　　聊天
   你要认真*　　听课
   她高兴　　　唱*了一首*歌
   她早早　　　就来教室了

4. 每(个)星期　辅导两次。

   月　　去一次
   年　　旅行两个月
   天　　上四节课
   小时　三十块钱
   课　　学习三天
   件衣服　卖二百块钱

5. 王平辅导得怎么样?——挺好的。

   她的汉字写　漂亮
   她说　　　　好
   老师教　　　不错
   她做饭做　　好吃
   他回答　　　清楚

五 读一读，想一想，体会句子的语调、重音不同时句子含义的区别

Read and think, pay attention to differences of sentence meanings when the intonation and stress of sentences are changed

1. 已经上课了。
   已经上课了？
   已经上课了！

2. 他又来了。（不是你来，也不是我来）
   他又来了。（不是第一次来）
   他又来了。（不是去了，不是走了）

3. 我是学生。（不是别人）
   我是学生。（肯定）
   我是学生。（不是老师）

六 根据所给的情景，仿照例句用加点的词语对话

According to the situation, make dialogues by using the following dotted words as the examples

1. 例： 甲： 老师，我有点儿头疼。
       乙： 疼得厉害*吗？
       甲： 挺疼的。我想回房间休息，可以吗？
       乙： 行，那你回去休息吧。

   （1） 王平和朋友一起去吃饭，王平感冒了，嗓子疼，不能吃辣的。
   （2） 王平明天要和朋友去买东西，可是明天学校有事，他告诉朋友后天*再去。

2. 例： 甲： 今天大使馆给我打了一个电话。
       乙： 什么事？
       甲： 他们说要我明天去一次。
       乙： 你怎么去呢？
       甲： 我没去过大使馆，不知道怎么走。
       乙： 这样吧，明天我和你一起去吧。
       甲： 太好了，谢谢你。

   （1） 安妮对她的同学说，她的闹钟坏*了，很担心第二天早上起不来。
   （2） 安妮想家了。

第十八课　我想请你做我的辅导，好吗？

七　小组互相问答 Ask and answer in pairs

1. 你最近忙吗？忙什么呢？
2. 你有辅导吗？什么时候辅导？每次辅导多长时间？
3. 你的辅导是什么样的人？你们是怎么认识的？
4. 你和你的辅导在一起常常聊什么？
5. 你的爱好是什么？
6. 你觉得辅导好还是互相学习好？

八　用第三人称复述课文第一段会话

Retell Dialogue 1 of the text in the name of the third person

"安妮想请一个辅导，……"

九　情景会话 Conversation

1. 请一个中国学生做你的辅导，一起商量*辅导的时间和方法*。
2. 请一个朋友帮你一个忙。

参考句式：

……行吗？	可以……吗？
……可以吗？	什么时候……好？
……怎么样？	……有时间吗？
……好吗？	这样吧，……

第十九课 我有点儿不舒服
Wǒ yǒudiǎnr bù shūfu

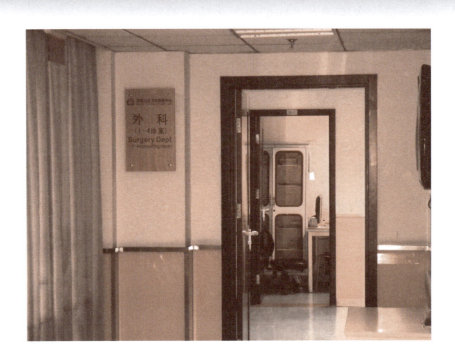

（一）

（课间休息 Break during class）

张　新：　老师，我有点儿不舒服，想回房间休息一下儿，可以吗？
Zhāng Xīn:　Lǎoshī, wǒ yǒudiǎnr bù shūfu, xiǎng huí fángjiān xiūxi yíxiàr, kěyǐ ma?

老　师：　怎么了？哪儿不舒服？
Lǎoshī:　Zěnme le? Nǎr bù shūfu?

张　新：　我头疼得厉害，好像发烧了。
Zhāng Xīn:　Wǒ tóu téng de lìhai, hǎoxiàng fā shāo le.

老　师：　好吧，你回去好好儿休息休息，多喝点儿水，要是发烧了，就去医院看看大夫。
Lǎoshī:　Hǎo ba, nǐ huíqu hǎohāor xiūxi xiūxi, duō hē diǎnr shuǐ, yàoshi fā shāo le, jiù qù yīyuàn kànkan dàifu.

张　新：　谢谢老师。
Zhāng Xīn:　Xièxie lǎoshī.

（二）

（下课以后 After class）

山田： 安妮，你们考试了吗？
Shāntián: Ānnī, nǐmen kǎoshì le ma?

安妮： 上星期五就考完了。
Ānnī: Shàng xīngqīwǔ jiù kǎowán le.

山田： 考得怎么样？
Shāntián: Kǎo de zěnmeyàng?

安妮： 考得不太好。考试前我有点儿不舒服，没好好儿准备。
Ānnī: Kǎo de bú tài hǎo. Kǎoshì qián wǒ yǒudiǎnr bù shūfu, méi hǎohāor zhǔnbèi.

山田： 没关系。下次再努力！
Shāntián: Méi guānxi. Xià cì zài nǔlì!

（三）

（安妮对山田说 Annie says to Yamada）

上星期五我们考试了。可是，考试前两天我感冒了，又发烧又咳嗽，没有好好儿准备，考试的时候头疼得厉害，所以考得不太好。下次一定努力！

Shàng xīngqīwǔ wǒmen kǎoshì le. Kěshì, kǎoshì qián liǎng tiān wǒ gǎnmào le, yòu fā shāo yòu késou, méiyǒu hǎohāor zhǔnbèi, kǎoshì de shíhou tóu téng de lìhai, suǒyǐ kǎo de bú tài hǎo. Xià cì yídìng nǔlì!

（四）

（在宿舍 In the dormitory）

李文静： 张新，听说你不舒服，好点儿了吗？
Lǐ Wénjìng: Zhāng Xīn, tīngshuō nǐ bù shūfu, hǎodiǎnr le ma?

张 新： 谢谢你的关心，前几天得了重感冒，现在好多了。
Zhāng Xīn: Xièxie nǐ de guānxīn, qián jǐ tiān déle zhòng gǎnmào, xiànzài hǎo duō le.

李文静： 今天天气好极了，我陪你出去散散步，怎么样？
Lǐ Wénjìng: Jīntiān tiānqì hǎo jí le, wǒ péi nǐ chūqu sànsan bù, zěnmeyàng?

张 新： 对不起，我不能去。等一会儿有个朋友要来看我。
Zhāng Xīn: Duìbuqǐ, wǒ bù néng qù. Děng yíhuìr yǒu ge péngyou yào lái kàn wǒ.

李文静： 是谁这么关心你啊？是男朋友吧？
Lǐ Wénjìng: Shì shéi zhème guānxīn nǐ a? Shì nán péngyou ba?

张 新： 不是，别开玩笑。
Zhāng Xīn: Bú shì, bié kāi wánxiào.

李文静： 那我先走了，改天再来看你。
Lǐ Wénjìng: Nà wǒ xiān zǒu le, gǎi tiān zài lái kàn nǐ.

张 新： 我不送你了，慢走！
Zhāng Xīn: Wǒ bú sòng nǐ le, màn zǒu!

注释 Notes

1. "有点儿"和"一点儿"

"有点儿"用在形容词或动词的前面,表示稍微、略微,多用于不如意的事情。如:
"有点儿" precedes an adjective or a verb, meaning a bit, usually used to describe undesirable things. For example,

(1)我有点儿累。
(2)衣服有点儿长。

"一点儿"用在动词的后面,表示数量少或使语气缓和。如:
When "一点儿" is added after a verb, it means a small quantity or a mild intonation. For example:

(1)我只买一点儿。
(2)吃(一)点儿什么?

"一点儿"用在形容词的后面,表示稍微,有所比较。如:
When "一点儿" is added after an adjective, it means "a little", usually for making a comparison. For example:

(1)今天比昨天热一点儿。
(2)我要长一点儿的(衣服)。

注意:"一点儿"不用在动词和形容词的前面。如:不能说
NB: "一点儿" can't precede a verb or an adjective. For example, you can't say
一点儿喜欢(×)   一点儿高兴(×)

2. 你回去好好儿休息休息

"好好儿"后面接动词,表示尽力地、认真地或尽情地做某事。如:
"好好儿" is followed by a verb, which means do something conscientiously or heartily. For example:

好好儿想想   好好儿准备考试   好好儿玩几天

3. 没关系

对方表示歉意说"对不起"时,可以用"没关系"来回答。
"没关系" can be used as a response to "对不起" when the latter is used as an apology.
"没关系"还表示安慰,说明某事没有那么严重。如:
It is also an expression to comfort sb, meaning not so serious. For example:
我把钥匙忘在房间里了。——没关系,找服务员帮你开门就行了。

4. "没"和"没有"

"没"和"没有"都可以做动词和副词,两个词的意义和用法基本相同,做动词时多表示"领有、具有"或对存在的否定等,如:

"没" and "没有" can both be verbs and adverbs depending on the context, the two words' meanings and usages are also basically the same. It indicates "to own, to possess" as a verb, or negates the existence, etc. For example:

他没（有）时间　　家里没（有）人

做副词时多表示对"已然"或"曾经"的否定,如:

As a adverb, it is often used to indicate the negation of "already" or "ever", for example:

他还没（有）来　　我没（有）去过那儿

这两个否定词只是音节不同,在一些固定词组中多用"没",如:

These two negative words only doffer by the number of syllables, "没" is more often used in some set phrases, for example:

没关系　　没大没小

在单独用来回答问题时,一般多用"没有",如:

When used alone to answer questions, "没有" is preferred. For example:

你去了吗？——没有。

5. 慢走

主人送别客人的时候常说的客气话,意思是回去的路上要小心。如:

It is a small talk to see the guests off, meaning "take care on the way back." For example:

时间不早了，我走了。——那好吧，我送送你，慢走，再见！

练习 Exercises

一 发音练习 Pronunciation practice

1. 跟老师读下面的词语，找出各组中与其他词语声调不同的两个词语

    Read after the teacher and find out the two words differed from others in the tone

    （1）　饺子　　你们　　好吧　　晚上　　我们
    　　　喜欢　　努力　　早上　　怎么　　厉害
    （2）　辅导　　可以　　老师　　口语　　哪里
    　　　左拐　　感冒　　所以　　晚起　　语法
    （3）　啤酒　　风雨　　填好　　没有　　您好
    　　　聊天儿　昨晚　　别走　　词典　　难走

2. 将声调相同的词语归类 Classify the words with the same tone

| 考试 | 努力 | 电话 | 几天 | 大概 | 米饭 | 想家 | 好吃 |
| 好看 | 下课 | 几岁 | 教室 | 礼物 | 点菜 | 每天 |

（1）准备

（2）散步

（3）改天

二 听与读 Listen and read

红豆生南国，　　　Hóng dòu shēng nán guó,

春来发几枝？　　　Chūn lái fā jǐ zhī?

愿君多采撷，　　　Yuàn jūn duō cǎi xié,

此物最相思。　　　Cǐ wù zuì xiāng sī.

三 用正确的语调朗读下面的句子 Read the following sentences in correct intonation

1. 我有点儿不舒服。
2. 怎么了？哪儿不舒服？
3. 我头疼得厉害，好像发烧了。
4. 你回去好好儿休息休息。
5. 考得怎么样？
6. 没好好儿准备。
7. 好点儿了吗？
8. 谢谢你的关心，现在好多了。
9. 今天天气好极了。
10. 是谁这么关心你啊？是男朋友吧？
11. 别开玩笑。
12. 我不送你了，慢走！

四 替换练习 Substitution

1. <u>想回房间休息</u>一下儿。

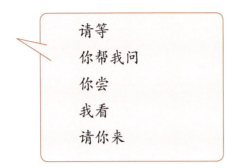

请等
你帮我问
你尝
我看
请你来

2. <u>我头疼</u>得（很）厉害。

她病
冬天冷
想家想
她哭*
牙疼

3. <u>没好好儿准备</u>。

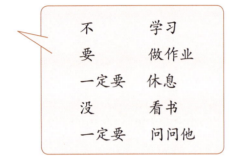

不　　　学习
要　　　做作业
一定要　休息
没　　　看书
一定要　问问他

4. 谢谢<u>你的关心</u>。

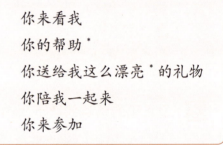

你来看我
你的帮助*
你送给我这么漂亮*的礼物
你陪我一起来
你来参加

5. <u>今天天气好</u>极了！

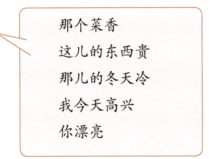

那个菜香
这儿的东西贵
那儿的冬天冷
我今天高兴
你漂亮

6. <u>我先走了</u>，改天<u>再来看你</u>。

今天天气不好　我们再去吧
今天我有事　　吧
我很忙　　　　再跟你聊这件事
她不在家　　　我们再来找她吧
老师没时间　　再辅导吧

7. 下<u>次</u>一定<u>努力</u>。

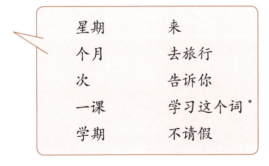

星期　　来
个月　　去旅行
次　　　告诉你
一课　　学习这个词*
学期　　不请假

第十九课　我有点儿不舒服

五 选出最合适的应答句 Choose the correct answer

1. 你怎么了？
   - ☐ 我一点不舒服。
   - ☐ 我有点儿不舒服。
   - ☐ 我不舒服一点。

2. 听说你不舒服，好点儿了吗？
   - ☐ 比前两天好一点儿。
   - ☐ 比前两天有点儿好。
   - ☐ 比前两天一点好。

3. 你的病好点儿了吗？
   - ☐ 比前两天很好。
   - ☐ 比前两天不好。
   - ☐ 比前两天好多了。

4. 我先走了，再见！
   - ☐ 你走吧。
   - ☐ 慢走！
   - ☐ 快走！

六 选择合适的词语填空 Fill in the blanks with proper words

1. 有点儿　　一点儿

   (1) 我_____冷。
   (2) 太贵了，便宜_____吧。
   (3) 姐姐*比妹妹*高*_____。
   (4) 我的腿_____疼，你慢_____走，等等我。
   (5) 这个房间_____小，能帮我找一个大_____的吗？

2. 上　　下

   (1) 我每天_____两节课。
   (2) _____次我没去，_____次我一定要去。
   (3) _____课以后你去吃饭吗？
   (4) _____个星期我们还在这儿辅导，好吗？
   (5) 你别站*在椅子_____。
   (6) 他常常在网_____买东西。
   (7) 昨天我在网_____看到一件我喜欢的衣服，马上就_____了订单。

3. 一下儿　　一会儿

   (1) 我开会呢，过_____再给你打电话。
   (2) 我去问_____。
   (3) 你试*_____这件衣服。
   (4) 请等_____。
   (5) 她只等了_____就走了。
   (6) 咱们_____见。

七 根据所给的情景，仿照例句用加点的词语对话

According to the situation, make dialogues by using the following dotted words as the examples

1. 例： 甲： 前两天听说你病了，哪儿不舒服？
       乙： 我头疼得厉害。
       甲： 现在好点儿了吗？
       乙： 好多了。

   情景1： 安妮的自行车有点儿问题，不好骑*，她请王平帮她修理*。
   情景2： 杰夫感冒了，去医院找大夫看病。

2. 例： 甲： 这件衣服怎么样？
       乙： 有点儿大。
       甲： 那件比这件小一点儿。您试试吧？
       乙： 好吧。

   情景1： 王平和安妮一起商量去哪家饭馆儿吃饭。
   情景2： 安妮问丽莎外边的天气情况，两个人商量穿什么衣服。

八 用下面的叙述方式复述课文第四段会话

Retell Dialogue 4 of the text in the following way of narration

李文静听说……，所以她想……，可是……

九 根据下面的话题设计小对话

Make up a short dialogue according to the following topics

1. 考试前生病了 → 没好好儿准备 → 没考好
2. 感冒了 → 休息 → 好多了
3. 朋友来了 → 要陪朋友去玩儿 → 不能辅导了

十 互相问答 Ask and answer in pairs

1. 你们最近考试了吗？你考得怎么样？
2. 每次考试前你都好好儿复习*了吗？
3. 考试前怎么复习好？
4. 你喜欢散步吗？喜欢什么时候去散步？去哪儿散步？

5. 身体不舒服的时候你喜欢在房间里休息还是出去走走?

十一 成段表达 Narration

有一次我感冒了,……

第二十课　Nǐ de àihào shì shénme?
你的爱好是什么？

（一）

（吃晚饭时 Dinner time）

杰　夫：　晚上你一般干什么？
Jiéfū:　　Wǎnshang nǐ yìbān gàn shénme?

丽　莎：　做作业啦，听录音啦，复习旧课啦，预习新课啦……
Lìshā:　　Zuò zuòyè la, tīng lùyīn la, fùxí jiù kè la, yùxí xīn kè la ……

杰　夫：　你真是个好学生。
Jiéfū:　　Nǐ zhēn shì ge hǎo xuésheng.

丽　莎：　你晚上干什么？
Lìshā:　　Nǐ wǎnshang gàn shénme?

杰　夫：　看电视，和朋友聊天儿。
Jiéfū:　　Kàn diànshì, hé péngyou liáo tiānr.

丽　莎：　我也喜欢聊天儿。
Lìshā:　　Wǒ yě xǐhuan liáo tiānr.

第二十课 你的爱好是什么？ 20

杰　夫： 你不喜欢看电视吗？
Jiéfū: Nǐ bù xǐhuan kàn diànshì ma?

丽　莎： 不喜欢。
Lìshā: Bù xǐhuan.

杰　夫： 为什么？
Jiéfū: Wèi shénme?

丽　莎： 我听不懂中文节目。
Lìshā: Wǒ tīng bu dǒng Zhōngwén jiémù.

（二）

（在宿舍楼外边 Outside the dormitory building）

安　妮： 周末你想干什么？
Ānnī: Zhōumò nǐ xiǎng gàn shénme?

山　田： 爬山。从这儿往西有一座山，挺漂亮的。一起去吧。
Shāntián: Pá shān. Cóng zhèr wǎng xī yǒu yí zuò shān, tǐng piàoliang de. Yìqǐ qù ba.

安　妮： 我不去。
Ānnī: Wǒ bú qù.

山　田： 为什么？你不喜欢爬山吗？
Shāntián: Wèi shénme? Nǐ bù xǐhuan pá shān ma?

安　妮：爬山太累了。我喜欢逛街。
Ānnī: Pá shān tài lèi le. Wǒ xǐhuan guàng jiē.

山　田：我觉得逛街比爬山更累。
Shāntián: Wǒ juéde guàng jiē bǐ pá shān gèng lèi.

（三）

（辅导的时候 During tutoring）

安　妮：王平，你的爱好是什么？
Ānnī: Wáng píng, nǐ de àihào shì shénme?

王　平：我喜欢体育运动，特别喜欢打乒乓球。
Wáng Píng: Wǒ xǐhuan tǐyù yùndòng, tèbié xǐhuan dǎ pīngpāngqiú.

安　妮：你常常打乒乓球吗？
Ānnī: Nǐ chángcháng dǎ pīngpāngqiú ma?

王　平：我参加了学校的乒乓球队，差不多每个周末都打。
Wáng Píng: Wǒ cānjiāle xuéxiào de pīngpāngqiú duì, chàbuduō měi ge zhōumò dōu dǎ.

安　妮：我没打过乒乓球。难学吗？
Ānnī: Wǒ méi dǎguo pīngpāngqiú. Nán xué ma?

王　平：不难。
Wáng Píng: Bù nán.

（四）

（丽莎对安妮说 Lisa says to Annie）

杰夫喜欢看电视，聊天儿。我也喜欢聊天儿，可是不太喜欢看电视，因为我听不懂中文节目。

Jiéfū xǐhuan kàn diànshì, liáo tiānr. Wǒ yě xǐhuan liáo tiānr, kěshì bú tài xǐhuan kàn diànshì, yīnwèi wǒ tīng bu dǒng Zhōngwén jiémù.

（五）

（安妮对丽莎说 Annie says to Lisa）

周末山田喜欢爬山，我觉得爬山太累，我喜欢逛街，可是山田说逛街比爬山更累。

Zhōumò Shāntián xǐhuan pá shān, wǒ juéde pá shān tài lèi, wǒ xǐhuan guàng jiē, kěshì Shāntián shuō guàng jiē bǐ pá shān gèng lèi.

注 释 Notes

1. 做作业啦、听录音啦、复习旧课啦、预习新课啦……

"……啦，……啦，……啦"用在列举的成分后面，可以有多项。如：
The word "啦" is used after the listing elements, and could be many items. For example:
周末你一般干什么？——看电视啦、打球啦、和朋友聚会啦，我都喜欢。

2. 你真是个好学生

"真"是"的确、确实"的意思，强调程度深。如：
"真" means "really, truly", emphasizing or confirming the degree. For example：
（1）天气真冷！
（2）我真不能再吃了。

3. 差不多

表示在时间、距离、程度等方面很相近，相差不多。如：
Indicate the similarity in time, distance, or degree. For example:

（1）他和弟弟差不多高。
（2）这两件衣服的颜色差不多。
（3）他们俩差不多大。
（4）买这件衣服得两百块钱吧？——差不多。

4. 我觉得爬山太累。

副词"太"一是表示程度极高，用于赞叹。如：
The first usage of adverb "太" is indicating a very high degree, used for admiration. For example:

太好了　　太漂亮了

这种只限于肯定句。This form is limited to affirmative sentences；
二是表示程度过分，可以用于肯定或否定。如：
The second usage is to indicating an excessive degree, and can be used for affirmation or negation, For example:

水太热　　人太多了　　太不喜欢了

第二种用法中"太"后面常常不加"了"。
"了" is not often used after "太" in the second usage.

练习 Exercises

一 发音练习 Pronunciation practice

1. 跟老师读下面的词语，找出各组中与其他词语声调不同的两个词语
   Read after the teacher and find out the two words differed from others in the tone

   （1）修理　中午　听力　开始　身体
   　　　书法　英语　爱好　今晚　听写
   （2）不错　服务　爬山　随便　旧课
   　　　结账　习惯　颜色　一共　学校
   （3）体育　好像　可是　节目　马路
   　　　米饭　努力　暑假　只要　电视

2. 将声调相同的词语归类 Classify the words with the same tone

   预习　复习　放心　逛街　乒乓　西山　分钟　办公
   季节　今天　去年　下楼　看书　问题　借书

   （1）特别

（2）参加

（3）录音

二 听与读 Listen and read

好雨知时节，　　　　Hǎo yǔ zhī shí jié,
当春乃发生。　　　　Dāng chūn nǎi fā shēng.
随风潜入夜，　　　　Suí fēng qián rù yè,
润物细无声。　　　　Rùn wù xì wú shēng.

三 用正确的语调朗读下面的句子 Read the following sentences in correct intonation

1. 晚上你一般干什么？
2. 做作业啦、听录音啦、复习旧课啦、预习新课啦……
3. 你真是个好学生。
4. 你不喜欢看电视吗？
5. 我觉得逛街比爬山更累。
6. 你的爱好是什么？
7. 差不多每个周末都打乒乓球。
8. 难学吗？

四 替换练习 Substitution

1. 你真是个好学生。

她	努力
天气	好
爬山	累
她长得	漂亮
我	喜欢这件衣服
她	爱*喝茶
他	是我的好朋友

2. 我觉得逛街比爬山更累。

记*声调	写汉字	难
上网	看电视	有意思
今天	昨天	热
这次考试	上次	容易*
听音乐	不听音乐	想家
热天	冷天	不舒服

3. 差不多每个周末都打。   4. 我没打过乒乓球。

每个人都知道
每天都有口语课
两个小时就到了
三年才学会
五百块钱一辆
一个学期有三次考试

他	去	你家
我们	学	这个词
她	请	假
我	看	这本书
她	喝	白酒

五 体会"好"和"难"的意义，并用下面的词语各造一个句子
Make sure of the meaning of "好" and "难", and make up sentences with the following words

1. 好吃　　难吃　　　2. 好走　　难走
   好听　　难听　　　　好学　　难学
   好看　　难看　　　　好做　　难做
   好喝　　难喝　　　　好写　　难写
   　　　　　　　　　　好爬　　难爬
   　　　　　　　　　　好懂　　难懂
   　　　　　　　　　　好教　　难教

六 仿照例句，用加点的词语完成对话
Complete the dialogue with the dotted words, according to the examples

1. 例：甲：你一般什么时候去散步？
   　　乙：我一般吃完晚饭以后去散步。

   1）甲：你一般什么时候起床？
   　　乙：_____。

   2）甲：你多长时间去一次商店*？
   　　乙：_____。

   3）甲：你每天自己*做饭吗？
   　　乙：_____。

   4）甲：你出去一般坐出租车*还是坐公共汽车*？
   　　乙：_____。

2. 例： 甲： 那个饭馆儿有什么好吃的菜？

   乙： 有糖醋鱼啦、铁板牛肉啦、鱼香肉丝啦，好吃的菜挺多的。

   1）甲：你们学校有哪些国家的留学生？

   乙：_____。

   2）甲：来中国以后，你去过哪些地方？

   乙：_____。

   3）甲：你和辅导在一起时，一般聊什么？

   乙：_____。

3. 甲： 你每天都去散步吗？

   乙： 差不多每天都去。

   1）甲：你一般多长时间给家里打一次电话？

   乙：_____。

   2）甲：这几个问题你都懂了吗？

   乙：_____。

   3）甲：上课的时候，老师的话都能听懂吗？

   乙：_____。

   4）甲：这些词语*你们都学过吗？

   乙：_____。

七 根据自己的情况互相问答 Ask and answer according to fact

1. 晚上你一般干什么？
2. 你喜欢看电视吗？为什么？
3. 周末你一般干什么？
4. 咱们学校附近*有山吗？远吗？
5. 你喜欢爬山吗？为什么？
6. 你一般去哪儿逛街？
7. 你有什么爱好？
8. 你打过乒乓球吗？打得怎么样？
9. 你觉得汉语最难学的是什么？

八 成段表达 Narration

你喜欢下面哪项活动？不喜欢哪项活动？说说为什么。
What activities do you like? what do you dislike? Tell the reason please.

参考用词：　　　觉得　　　因为　　　一般　　　喜欢　　　不太
Reference words:　更　　　比　　　可是　　　所以

第二十课 你的爱好是什么？ 20

你知道吗？ Do You Know? (4)

中国人常用的称呼

1. 对陌生人：对年轻的女子，一般叫"小姐"或"姑娘"；对比自己年纪大的女子，可分别用"大姐""阿姨""大妈"来称呼；对男子一般叫"先生"，对年老的男子叫"老先生""大爷"。对小孩儿叫"小朋友"。对有技艺的人如出租车司机、修理自行车的人常叫"师傅"。

2. 对认识的人：在姓的后面加上他（她）的职位，如："李老师""王大夫""张主任""赵经理"等。年纪比较大的人，可以在姓前加"老"来称呼，如："老王""老张"；年纪大的人称呼年轻人，可在姓前加"小"，如"小刘""小高"等；比较熟悉的朋友之间，可以只叫名字，不叫姓，如：对"赵大明"可以只叫"大明"。如果是单姓单名，那么就连姓一起叫，如："王平"。

Chinese Ways of Addressing People

1. Addressing strangers: Young women are generally addressed as "小姐"; Women older than yourself could be addressed as "大姐""阿姨"or"大妈"according to their age; Men are generally addressed as "先生". Older men are addressed as "老先生""大爷". Children could be called as "小朋友". People with a particular skill, such as a taxi driver, or a bicycle mechanic, are commonly addressed to as "师傅".

2. Addressing familiar people: Add surname to their posts or titles, for example: "李老师""王大夫""张主任""赵经理", etc. The word "老" could precede older people's surname, for example: "老王""老张"; When the older people address the younger people, the word "小" could precede the surname, for example: "小刘""小高" and so on; Familiar friends can

address each other by their given names only, without the surname, for example: "大明" instead of "赵大明". But if the name contains only a one-word surname and a one-word name, then the full name is preferred, for example: "王平".

第二十一课

Bā diǎn wǒ zhèng zài jiàoshì shàng kè ne
八点我正在教室上课呢

（一）

（刘伟来到张新的宿舍 Liu Wei comes to Zhang Xin's dormitory）

张　新：　刘伟，你怎么来了？怎么不先打个电话？
Zhāng Xīn:　Liú Wěi, nǐ zěnme lái le? Zěnme bù xiān dǎ ge diànhuà?

刘　伟：　我打了几次，你都没接。
Liú Wěi:　Wǒ dǎle jǐ cì, nǐ dōu méi jiē.

张　新：　是吗？我怎么没听到？我看看。哎呀，真对不起，手机没电了，我忘了充电了。
Zhāng Xīn:　Shì ma? Wǒ zěnme méi tīngdào? Wǒ kànkan. Āiyā, zhēn duìbuqǐ, shǒujī méi diàn le, wǒ wàngle chōng diàn le.

刘　伟：　昨天晚上我也打过。
Liú Wěi:　Zuótiān wǎnshang wǒ yě dǎguo.

161

张 新：	你是几点给我打的？
Zhāng Xīn:	Nǐ shì jǐ diǎn gěi wǒ dǎ de?
刘 伟：	大概八点。
Liú Wěi:	Dàgài bā diǎn.
张 新：	八点我正在教室上课呢。
Zhāng Xīn:	Bā diǎn wǒ zhèng zài jiàoshì shàng kè ne.
刘 伟：	昨天是星期天，上什么课？
Liú Wěi:	Zuótiān shì xīngqītiān, shàng shénme kè?
张 新：	上书法课。
Zhāng Xīn:	Shàng shūfǎ kè.
刘 伟：	你是什么时候开始学书法的？
Liú Wěi:	Nǐ shì shénme shíhou kāishǐ xué shūfǎ de?
张 新：	半年前开始的。你找我有事吗？
Zhāng Xīn:	Bàn nián qián kāishǐ de. Nǐ zhǎo wǒ yǒu shì ma?
刘 伟：	我有两张今天晚上的电影票，是朋友送的。我想请你一起去。你有时间吗？
Liú Wěi:	Wǒ yǒu liǎng zhāng jīntiān wǎnshang de diànyǐng piào, shì péngyou sòng de. Wǒ xiǎng qǐng nǐ yìqǐ qù. Nǐ yǒu shíjiān ma?
张 新：	谢谢你，不过今天晚上我已经和朋友约好去吃饭了。
Zhāng Xīn:	Xièxie nǐ, búguò jīntiān wǎnshang wǒ yǐjīng hé péngyou yuēhǎo qù chī fàn le.
刘 伟：	没关系，那我再找找别人吧。
Liú Wěi:	Méi guānxi, nà wǒ zài zhǎozhao biéren ba.

（二）

（辅导的时候 During tutoring）

王 平：	安妮，最近你的汉语进步很大。
Wáng Píng:	Ānnī, zuìjìn nǐ de Hànyǔ jìnbù hěn dà.
安 妮：	哪里。现在我有一个很大的问题。
Ānnī:	Nǎlǐ. Xiànzài wǒ yǒu yí ge hěn dà de wèntí.

第二十一课　八点我正在教室上课呢

王　平：　什么问题？
Wáng Píng:　Shénme wèntí?

安　妮：　课本上有很多汉字我不认识，更不会写，怎么办？
Ānnī:　Kèběn shang yǒu hěn duō Hànzì wǒ bú rènshi, gèng bú huì xiě, zěnme bàn?

王　平：　我有一个好办法。
Wáng Píng:　Wǒ yǒu yí ge hǎo bànfǎ.

安　妮：　什么办法？快说！
Ānnī:　Shénme bànfǎ? kuài shuō!

王　平：　你别着急。听我说，你跟我一起练习书法吧。
Wáng Píng:　Nǐ bié zháo jí. Tīng wǒ shuō, nǐ gēn wǒ yìqǐ liànxí shūfǎ ba.

安　妮：　书法？太难了，我怕学不会。
Ānnī:　Shūfǎ? Tài nán le, wǒ pà xué bu huì.

王　平：　慢慢学，只要多看多写，就一定能学好。
Wáng Píng:　Mànmàn xué, zhǐyào duō kàn duō xiě, jiù yídìng néng xuéhǎo.

安　妮：　好，听你的。我每天写五个字，一个学期能记住五百多个字呢。
Ānnī:　Hǎo, tīng nǐ de. Wǒ měi tiān xiě wǔ ge zì, yí ge xuéqī néng jìzhù wǔ bǎi duō ge zì ne.

王　平：　还有，你读课文的时候，别只看拼音。
Wáng Píng:　Hái yǒu, nǐ dú kèwén de shíhou, bié zhǐ kàn pīnyīn.

（三）

（安妮说 Annie says）

我学汉语的时候，最大的问题是不认识汉字。我问王平怎么办。王平让我跟他一起学书法，还让我读课文的时候，不要只看拼音。我想只要努力，多看多写，就一定能学好汉字。

Wǒ xué Hànyǔ de shíhou, zuì dà de wèntí shì bú rènshi Hànzì. Wǒ wèn Wáng Píng zěnme bàn. Wáng Píng ràng wǒ gēn tā yìqǐ xué shūfǎ, hái ràng wǒ dú kèwén de shíhou, búyào zhǐ kàn pīnyīn. Wǒ xiǎng zhǐyào nǔlì, duō kàn duō xiě, jiù yídìng néng xuéhǎo Hànzì.

注 释 Notes

1. 你是几点给我打的？

"是……的"用来肯定某种已实现的情况，说明并强调事情发生的时间、地点、方式等。比如：

"是……的" is used to confirm what have happened, and emphasize the time location and way of happening. For instance:

（1）她来北京了，她是上星期来的，是坐飞机来的。
（2）她是昨天从上海来的。

2. 八点我正在教室上课呢。

"正……呢"表示动作正在进行或情况正在持续。如：

"正……呢" indicates the ongoing of the action or the continuation of the situation. For example:

（1）我去找他的时候，他正看书呢。
（2）昨天晚上九点，外边正下着雨呢。

3. 哪里

"哪里"常用来婉转地推辞对自己的夸奖。有时也说"哪里，哪里"或"哪儿啊"。现在很多人在回应别人夸奖时也常常说"谢谢"。如：

"哪里" is often used to politely decline somebody's praise. "哪里，哪里。" "哪儿啊" are sometime used. Nowadays many people will often use "谢谢" in response to others' praise. For example:

(1) 你的汉语说得很好！——哪里，哪里。
(2) 她是你的女朋友吧？——哪里，我们是同学。
(3) 你的衣服真漂亮！——谢谢。

4. 只要多看多写，就一定能学好。

连词"只要"表示充足条件，后边常用"就"相呼应。"只要"可以用在主语的前面或后面。如：

The conjunction "只要" indicates an ample condition, which is often used with "就". "只要" can precede or follow the subject. For example:

(1) 只要你喜欢就可以买。
(2) 我们只要打个电话告诉她，她就会来。
(3) 只要不下雨，他天天都骑自行车来。

练 习　Exercises

一　发音练习 Pronunciation practice

1. 跟老师读下面的词语，找出各组中与其他词语声调不同的两个词语
   Read after the teacher and find out the two words differed from others in the tone

   (1) 大概　菜单　大衣　放心　互相
   　　 录音　上山　闹钟　夏天　学期
   (2) 阿姨　中文　当然　非常　星期
   　　 欢迎　开学　吃糖　中学　练习
   (3) 答应　真的　看看　妈妈　清楚
   　　 师傅　拼音　舒服　他们　休息

2. 将声调相同的词语归类 Classify the words with the same tone

   | 吃饱　路上　桌椅　快慢　要是　快乐　喝酒 |
   | 多远　汉字　作业　地方　卖票　病了　客气 |

   (1) 书法
   (2) 认识
   (3) 进步

二 听与读 Listen and read

手艺学不会，　　　　　Shǒuyì xué bu huì,
材料用得费。　　　　　Cáiliào yòng de fèi.
会的不费，　　　　　　Huì de bú fèi,
费的不会。　　　　　　Fèi de bú huì.

三 用正确的语调朗读下面的句子 Read the following sentences in correct intonation

1. 你怎么来了？怎么不先打个电话？
2. 哎呀，真对不起，手机没电了，我忘了充电。
3. 你是几点给我打的电话？
4. 八点我正在教室上课呢。
5. 你找我有事吗？
6. 怎么办？
7. 什么办法？快说！
8. 只要多看多写，就一定能学好。
9. 好，听你的。
10. 一个学期能记住五百多个字呢。

四 替换练习 Substitution

1. 八点 我正在教室上课呢。

我打电话的时候	她	在房间睡觉
我去的时候	老师	上课
下午两点	我们	聊天儿
上午十点	他	练习打乒乓球
我找他的时候	他	在家写汉字

2. 你是几点给我打的？

什么时候来中国
坐什么车来
从哪儿来
和谁一起来
怎么来
来干什么

3. 你跟我一起练习书法吧。

我想	你们	去旅行
他每天	我们	打乒乓球
我	你	去吧
我喜欢	同学们	聊天儿
你也	我们	去吃饭吧

4. 只要多看多写，就一定能学好。

好好儿复习	一定能考好
有钱	可以买
不懂	问老师
天气好	一定去
一个人去	行了

五 选出最合适的应答句 Choose the correct answer

1. 你是几点来的？
   - ☐ 六点来了。
   - ☐ 六点来的。

2. 最近你的学习进步很大。
   - ☐ 不进步。
   - ☐ 哪里。
   - ☐ 很大。

3. 汉语太难学了，我有点儿着急。
   - ☐ 别着急，慢慢学。
   - ☐ 不着急，慢学。
   - ☐ 别着急，一点慢学。

4. 你一个小时能记住一百个生词吗？
   - ☐ 不记住。
   - ☐ 没记住。
   - ☐ 记不住。

六 根据下面这句话中的内容说出各组对话相应的上句

Ask questions according to the answers

> 王平去年*从上海坐火车*到北京来上大学*了。

1. 甲：_____？
   乙：来了。

2. 甲：_____？
   乙：去年。

3. 甲：_____？
   乙：上海。

4. 甲：_____？
   乙：坐火车。

5. 甲：_____？

乙：上大学。

七 两个人一组，仿照课文第一、二段会话和下面的例子，互相了解对方昨天一天的活动

Perform a dialogue in pairs as dialogue 1, 2 and the following example, and ask each other yesterday's experience

例： 甲： 昨天早上七点半你干什么呢？

乙： 七点半我正在吃早饭呢。

甲： 你是在哪儿吃的？

乙： 在学校食堂。

甲： 吃完早饭你去哪儿了？

乙： 我去买东西了。

八 几个人一组，每个人提出一些学习、生活上的问题，问另外几个同学有什么好办法。仿照第二段课文进行对话

Several students form a group, everyone says something about his/her problems on learning or life, and asks for solutions from others. Perform a dialogue according to dialogue 2 in the text

九 根据自己的情况互相问答 Ask and answer according to fact

1. 你学过书法吗？学了多长时间？难学吗？
2. 你觉得最近你的汉语进步了吗？进步大不大？
3. 你大概认识多少个汉字？这些汉字你都会写吗？
4. 你读课文的时候，常常看拼音吗？
5. 最近有什么让你特别着急的事吗？

第二十二课 Lǚxíng huílai le
旅行 回来 了

(一)

安妮:	杰夫,快到周末了,打算怎么过?
Ānnī:	Jiéfū, Kuài dào zhōumò le, dǎsuan zěnme guò?
杰夫:	我想去旅行。
Jiéfū:	Wǒ xiǎng qù lǚxíng.
安妮:	去哪儿?
Ānnī:	Qù nǎr?
杰夫:	离这儿不太远,一个有山有水的好地方。
Jiéfū:	Lí zhèr bú tài yuǎn, yí ge yǒu shān yǒu shuǐ de hǎo dìfang.
安妮:	你一个人去吗?
Ānnī:	Nǐ yí ge rén qù ma?
杰夫:	我约了王平,我们俩一起去。
Jiéfū:	Wǒ yuēle Wáng Píng, wǒmen liǎ yìqǐ qù.

安　妮：	周末我还没有安排，能跟你们一起去吗？
Ānnī:	Zhōumò wǒ hái méiyǒu ānpái, néng gēn nǐmen yìqǐ qù ma?
杰　夫：	当然可以！
Jiéfū:	Dāngrán kěyǐ!

（二）

（在宿舍 In the dormitory）

丽　莎：	安妮，旅行回来了？好玩儿吗？
Lìshā:	Ānnī, lǚxíng huílai le? Hǎowánr ma?
安　妮：	好玩儿极了。
Ānnī:	Hǎowánr jí le.
丽　莎：	累不累？
Lìshā:	Lèi bu lèi?
安　妮：	有点儿累。
Ānnī:	Yǒudiǎnr lèi.
丽　莎：	你还没吃晚饭吧？走，咱们吃饭去。
Lìshā:	Nǐ hái méi chī wǎnfàn ba? Zǒu, zánmen chī fàn qu.
安　妮：	我想先洗个澡，再去吃饭。
Ānnī:	Wǒ xiǎng xiān xǐ ge zǎo, zài qù chī fàn.
丽　莎：	好吧，我等你。你得快一点儿，食堂快关门了。
Lìshā:	Hǎo ba, wǒ děng nǐ. Nǐ děi kuài yìdiǎnr, shítáng kuài guān mén le.

（三）

（安妮对丽莎说 Annie says to Lisa）

　　这个周末我和杰夫、王平一起去旅行了。我们去了一个非常漂亮的地方。那儿有山有水，离学校大概十多公里。我们是骑自行车去的，路上一边骑，一边唱歌，好玩儿极了。现在我先洗个澡，咱们再一起去吃晚饭，你等我一会儿。

Zhè ge zhōumò wǒ hé Jiéfū, Wáng Píng yìqǐ qù lǚxíng le. Wǒmen qùle yí ge fēicháng piàoliang de dìfang. Nàr yǒu shān yǒu shuǐ, lí xuéxiào dàgài shí duō gōnglǐ. Wǒmen shì qí zìxíngchē qù de, lùshang yìbiān qí, yìbiān chàng gē, hǎowánr jí le. Xiànzài wǒ xiān xǐ ge zǎo, zánmen zài yìqǐ qù chī wǎnfàn, nǐ děng wǒ yíhuìr.

（四）

（在饭馆儿，王平正在喝汤，安妮和丽莎进来 Wang Ping is sipping soup in a restaurant, Annie and Lisa enter）

| 王 平： | 你们俩怎么也来这儿吃饭？ |
| Wáng Píng: | Nǐmen liǎ zěnme yě lái zhèr chī fàn? |

| 丽 莎： | 食堂关门了，所以我们出来好好儿吃一顿。 |
| Lìshā: | Shítáng guān mén le, suǒyǐ wǒmen chūlai hǎohāor chī yí dùn. |

| 安 妮： | 王平，你也刚来吧，一块儿吃吧。 |
| Ānnī: | Wáng Píng, nǐ yě gāng lái ba, yíkuàir chī ba. |

| 王 平： | 我都快吃完了。 |
| Wáng Píng: | Wǒ dōu kuài chīwán le. |

| 丽 莎： | 你不是正在喝汤吗？喝一碗汤就饱了？ |
| Lìshā: | Nǐ bú shì zhèngzài hē tāng ma? Hē yì wǎn tāng jiù bǎo le? |

| 王 平： | （大笑 laugh heartily）你以为吃中餐是先喝汤啊！ |
| Wáng Píng: | Nǐ yǐwéi chī Zhōngcān shì xiān hē tāng a! |

| 丽 莎： | 你别笑，我真的不太清楚吃中餐的习惯，快给我们介绍介绍吧。 |
| Lìshā: | Nǐ bié xiào, wǒ zhēnde bú tài qīngchu chī Zhōngcān de xíguàn, kuài gěi wǒmen jièshào jièshào ba. |

| 王 平： | 那我告诉你：吃中餐的时候，一般是先吃凉菜，一边喝饮料一边吃凉菜，过一会儿再吃热菜和米饭什么的，最后才喝汤，有时候再吃点儿水果。 |
| Wáng Píng: | Nà wǒ gàosu nǐ: Chī Zhōngcān de shíhou, yìbān shì xiān chī liángcài, yìbiān hē yǐnliào yìbiān chī liángcài, guò yíhuìr zài chī rècài hé mǐfàn shénme de, zuìhòu cái hē tāng, yǒu shíhou zài chīdiǎnr shuǐguǒ. |

注 释 Notes

1. 快到周末了／食堂快关门了／我都快吃完了

"快……了"表示时间上接近，很快就要出现某种情况。"快"后面可以是动词、形容词、数量词、名词等。如：

"快……了" means that something will be about to happen very soon. "快" can precede a verb, an adjective, a numeral-plus-classifier expression and a noun, etc. For example:

（1）火车快到站了。
（2）她的病快好了。
（3）我们来北京快一年了。
（4）那位老大爷快八十岁了。
（5）快新年了吧？

2. 我想先洗个澡，再去吃饭。

表示事情发生的顺序。如：
The expression indicates the sequence of actions. For example:

（1）这次旅行，我打算先到上海，再去广州。
（2）咱们先打个电话再去。

3. 路上一边骑，一边唱歌。

表示两种以上的动作同时进行。"边"用在动词前，"一"可出现可不出现。如：

The expression indicates two or more actions progressing simultaneously. "边" is used before a verb, while "一" sometimes can be omitted. For example:

（1）孩子们边唱边跳。
（2）他（一）边吃饭（一）边看电视。

4. 你不是正在喝汤吗？

"不是……吗"是一种反问句，有强调的作用。课文中这句话的意思是"你正在喝汤"。再如：

The sentence pattern "不是……吗" is a rhetoric question for emphasis. In the text the sentence means "You are drinking the soup." Another example:

（1）她不是日本人吗？怎么不会说日语？
（2）这件事你不是已经知道了吗？别再问了。

5. 你以为吃中餐是先喝汤啊！

"以为"用于对人或事物做出判断，大多是与事实不符的判断。比如：
"以为" means a judgment on a person or an event, usually contrary to the fact. For example:

（1）我以前一直以为他是中国人，原来他是韩国人。
（2）好几天没看到他，我以为他已经回国了呢。（其实他没回国）

练习 Exercises

一 发音练习 Pronunciation practice

1. 跟老师读下面的词语，找出各组中与其他词语声调不同的两个词语
   Read after the teacher and find out the two words differed from others in the tone

   ① 便宜　　极了　　觉得　　早上　　馒头
   　　离开　　名字　　葡萄　　咱们　　学生
   ② 洗澡　　厕所　　电脑　　饭馆儿　号码
   　　课本　　上网　　苹果　　一起　　最好

2. 将声调相同的词语归类 Classify the words with the same tone

   意思　十八　打球　考完　很甜　爬山　起床　这么
   告诉　滑冰　旅行　辣的　好玩儿　图书　凉风

   1. 骑车

2. 以为

3. 漂亮

二 听与读 Listen and read

清明时节雨纷纷，　　　Qīngmíng shíjié yǔ fēnfēn,
路上行人欲断魂。　　　Lù shàng xíngrén yù duàn hún.
借问酒家何处有，　　　Jiè wèn jiǔjiā héchù yǒu,
牧童遥指杏花村。　　　Mùtóng yáo zhǐ xìnghuācūn.

三 用正确的语调读下面的句子 Read the following sentences in correct intonation

1. 快到周末了，打算怎么过？
2. 离这儿不太远。
3. 你一个人去吗？
4. 我约了王平。
5. 旅行回来了？好玩儿吗？
6. 你还没吃晚饭吧？走，咱们吃饭去。
7. 我想先洗个澡，再去吃饭。
8. 你得快一点儿。
9. 你不是正在喝汤吗？喝一碗汤就饱了？
10. 你以为吃中餐是先喝汤啊！
11. 你别笑，我真的不太清楚吃中餐的习惯。

四 替换练习 Substitution

1. 周末你打算怎么过？

去那儿	走
这件事你	知道
这个问题	回答
这个字	写
这句*话汉语	说

2. 那个地方离这儿不太远。

上海	北京挺远的
这儿	那个地方还有两公里
你家	学校有多远？
现在	放假还有多长时间？
现在	上课还有十分钟

3. 你还没吃晚饭吧？

　　逛过王府井
　　喝过乌龙茶*
　　去过他的家
　　找到好办法
　　洗澡

4. 先洗个澡，再去吃饭。

上口语课	上听力课
喝酒	吃菜
散散步	去吃晚饭
给他打个电话	去找他
上车	买票

5. 你得快一点儿。

我	参加这次考试
你	好好儿学习
这件衣服	三百块钱
从这儿到那儿	两个小时
我下午	去看病

6. 我都快吃完了。

现在	十二点
病	好
新学期	开始
寒假	快过完
钱	不够

7. 你不是正在喝汤吗？（为什么说快吃完了？）

中国人	（怎么不会说汉语？）
去过那个地方	（怎么不知道那个地方在哪儿？）
学过书法	（怎么不会写汉字？）
爱好音乐	（怎么在音乐会上睡着*了？）
喜欢逛街	（怎么不和我们一起去？）

8. 你以为吃中餐是先喝汤啊！

我	你是小张的哥哥
我们	你已经回国了
我	他是英国人呢
他	是下星期一考试呢
她	今天没有听写呢

9. 一边喝饮料一边吃凉菜。

说	笑
读	写
吃饭	聊天儿
听音乐	想问题
学习	打工*

五 选出最合适的应答句 Choose the correct answer

1. 这次考试他一定得参加吗?
   ☐ 不得参加。
   ☐ 不一定。

2. 放假以后你打算干什么?
   ☐ 不打算。
   ☐ 还没打算。

3. 周末没看见他,他去哪儿了?
   ☐ 他回家去了。
   ☐ 他回去家了。

六 读下面的句子,体会句中加点词语的意义
Read the following sentences and make sure of the meanings of the dotted words

1. 你吃过这个菜吗?
   寒假你打算怎么过?
   我特别喜欢过生日。
   过一会儿我再给你打电话。

2. 这次考试很重要*,我得早一点儿准备。
   他汉语说得很好。
   这本词典这么厚*,得一百多块钱吧?
   最近他得了感冒。

3. 他们几个人都是我的朋友。
   十几年没见面,我都不认识他了。

4. 那个人是谁?
   我没去过那儿。
   他特别着急想知道考试成绩*。——那你就告诉他吧。

5. 要是下雨就别去了。
   他们俩早就认识了。
   他就是你要找的人。

七 两个人一组就课文内容互相提问。看谁提的问题多,谁回答得准确
Ask and answer in pairs according to the text, and see who can ask more questions and answer more correctly

八 三个人一组熟读课文第四段对话，然后分别扮演安妮、丽莎、王平，模拟表演
Learn the fourth dialogue in the text by heart, and perform it by three students who play the roles of Annie, Lisa and Wang Ping

九 根据自己的情况互相问答 Ask and answer according to fact

1. 快放假了，你有什么打算？
2. 你住的地方离这儿有多远？
3. 这个周末你约了朋友去玩儿吗？
4. 周末你一般怎么安排？
5. 你刚来这儿的时候生活习惯吗？

十 根据所给的话题成段表达
Narration according to the following topics by using the following words

参考词语：

……的时候
一边……一边……
最后
一般　　　　　先……再……
过一会儿　　　……什么的
有时候

1. 我的周末
2. 我们国家吃饭的习惯
3. 旅行的经历*

第二十三课 Chuān shénme yīfu héshì? 穿什么衣服合适？

(一)

(在宿舍 In the dormitory)

安妮： 今天外边冷不冷？穿什么衣服合适？
Ānnī: Jīntiān wàibian lěng bu lěng? Chuān shénme yīfu héshì?

丽莎： 天气预报说比昨天冷一点儿。
Lìshā: Tiānqì yùbào shuō bǐ zuótiān lěng yìdiǎnr.

安妮： 是吗？看外边太阳挺好的。
Ānnī: Shì ma? Kàn wàibian tàiyang tǐng hǎo de.

丽莎： 我刚从外边回来，真的挺冷的，出去得穿大衣。
Lìshā: Wǒ gāng cóng wàibian huílai, zhēnde tǐng lěng de, chūqu děi chuān dàyī.

(二)

(去上课的路上 On the way to class)

李文静: 杰夫,穿这么少,不冷吗?
Lǐ Wénjìng: Jiéfū, chuān zhème shǎo, bù lěng ma?

杰 夫: 少吗?我觉得不少。这是我最暖和的衣服了。
Jiéfū: Shǎo ma? Wǒ juéde bù shǎo. Zhè shì wǒ zuì nuǎnhuo de yīfu le.

李文静: 冬天快到了,你得买一件厚一点儿的衣服。
Lǐ Wénjìng: Dōngtiān kuài dào le, nǐ děi mǎi yí jiàn hòu yìdiǎnr de yīfu.

杰 夫: 不用吧?听说这儿的冬天不太冷。
Jiéfū: Búyòng ba? Tīngshuō zhèr de dōngtiān bú tài lěng.

李文静: 这里的风很大,冬天得穿羽绒服。
Lǐ Wénjìng: Zhèlǐ de fēng hěn dà, dōngtiān děi chuān yǔróngfú.

杰 夫: 是吗?那周末我就去买。要是你有时间,麻烦你和我一起去,帮我看看,好吗?
Jiéfū: Shì ma? Nà zhōumò wǒ jiù qù mǎi. Yàoshi nǐ yǒu shíjiān, máfan nǐ hé wǒ yìqǐ qù, bāng wǒ kànkan, hǎo ma?

初级汉语口语 1 ELEMENTARY SPOKEN CHINESE

（三）

（在商场 In the shopping mall）

李文静： 这件怎么样？
Lǐ Wénjìng: Zhè jiàn zěnmeyàng?

杰　夫： 样子还可以，颜色不太好看。
Jiéfū: Yàngzi hái kěyǐ, yánsè bú tài hǎokàn.

李文静： 那件呢？右边那件？
Lǐ Wénjìng: Nà jiàn ne? Yòubian nà jiàn?

杰　夫： 不错。（对售货员 Talk to the shop assistant）我想看一下那件衣服，可以试试吗？
Jiéfū: Búcuò. Wǒ xiǎng kàn yíxià nà jiàn yīfu, kěyǐ shìshi ma?

售货员： 可以。那边有镜子。
Shòuhuòyuán: Kěyǐ. Nàbian yǒu jìngzi.

（杰夫试衣服 Jeff tries on clothing）

杰　夫： 又瘦又短，太小了。
Jiéfū: Yòu shòu yòu duǎn, tài xiǎo le.

李文静： 不是衣服小，是你的个子太高了。
Lǐ Wénjìng: Bú shì yīfu xiǎo, shì nǐ de gèzi tài gāo le.

（对售货员 Talk to the shop assistant）

请问，有没有大号的？
Qǐngwèn, yǒu méiyǒu dàhào de?

售货员： （找了半天找出一件 Find one after a while）这是最大的，先生，请再试一下。
Shòuhuòyuán: Zhè shì zuì dà de, xiānsheng, qǐng zài shì yíxià.

李文静： 这件比那件长一点儿，也肥一点儿。
Lǐ Wénjìng: Zhè jiàn bǐ nà jiàn cháng yìdiǎnr, yě féi yìdiǎnr.

（试了以后 After trying）

杰　夫： 还是不合适。算了，等我"长小"了再来买吧。
Jiéfū: Háishi bù héshì. Suàn le, děng wǒ "zhǎngxiǎo" le zài lái mǎi ba.

李文静： 咱们再去别的地方看看。
Lǐ Wénjìng: Zánmen zài qù biéde dìfang kànkan.

（四）

（杰夫对彼得说 Jeff says to Peter）

冬天快到了，一天比一天冷了。我没带厚衣服。昨天李文静陪我去商店买羽绒服，我试了几件，没有一件合适的。

Dōngtiān kuài dào le, yì tiān bǐ yì tiān lěng le. Wǒ méi dài hòu yīfu. Zuótiān Lǐ Wénjìng péi wǒ qù shāngdiàn mǎi yǔróngfú, wǒ shìle jǐ jiàn, méiyǒu yí jiàn héshì de.

注　释　Notes

1. 还是不合适

"还是"表示情况没有变化，仍旧和以前一样。如：
"还是" indicates that the situation remains unchanged, or the same as before. For example：
（1）他又讲了一遍，我还是不明白。
（2）这些橘子尝了一个是酸的，又尝了一个，还是酸的。
（3）和他十年没见面了，他还是那么胖。

2. 算了

口语词，表示放弃、作罢或不计较。如：

"算了", means "let it be", "stop fussing about". For example:

（1）要是你不愿意就算了。
（2）我没有五分钱零钱。——算了，我不要了。

3. 一天比一天冷了

"一 + 量 + 比 + 一 + 量"表示程度累进。如：

"一 + measure word + 比 + 一 + measure word" means a progression of degree. For example:

（1）生活一年比一年好。
（2）这些孩子一个比一个可爱。
（3）课文一课比一课难。

4. 没有一件合适的

这句话的意思是"（衣服）都不合适"。如：

The sentence means "all the clothes are not suitable." For example:

（1）没有一个人知道这件事。（都不知道）
（2）没有一天不想她。（每天都想她）

练习 Exercises

一 听与读 Listen and read

去年今日此门中，　　Qùnián jīnrì cǐ mén zhōng,
人面桃花相映红。　　Rén miàn táohuā xiāngyìng hóng.
人面不知何处去，　　Rén miàn bù zhī hé chù qù,
桃花依旧笑春风。　　Táohuā yījiù xiào chūnfēng.

二 用正确的语调朗读下面的句子 Read the following sentences in correct intonation

1. 穿什么衣服合适？
2. 杰夫，穿这么少，不冷吗？
3. 少吗？我觉得不少。
4. 不用吧？听说这儿的冬天不太冷。

5. 样子还可以，颜色不太好看。
6. 那件呢？右边那件。
7. 不是衣服小，是你的个子太高了。
8. 请问，有没有大号的？
9. 还是不合适。
10. 算了，等我"长小"了再来买吧。
11. 冬天快到了，一天比一天冷了。
12. 我试了几件，没有一件合适的。

三 替换练习 Substitution

1. 这是最暖和的衣服了。

大	鞋
便宜	价钱
合适	房间
快	火车
漂亮	羽绒服

2. 不是衣服小，是你的个子太高了。

不想去	没有时间
你胖*	这件衣服太瘦了
不喜欢	没有钱买
我不告诉你	我真的不知道
问几个问题	问很多问题

3. 等我"长小"了再来买吧。

以后有时间	聊
我放了假	去旅行
太阳出来了	起床
同学们都来了	开始
想清楚了	说
雨停了	走

4. 我试了第三件，还是不合适。

老师说了三遍*，我	不清楚
我们十年没见，他	这么瘦
穿上了羽绒服，	觉得冷
我又给他打了一次电话,他	不在
听了半天音乐，	想家

5. 天气一天比一天冷。

课文	课	课长
学生	年	年多
衣服	件	件漂亮
问题	个	个难
汉语书	本	本新

6. 这些衣服没有一件合适的。

问题	个容易
菜	个好吃
话	句听懂
自行车	辆旧
学生	个来晚

四 选出最合适的应答句 Choose the correct answer

1. 应该找你十块零一毛,可是我没有一毛的零钱*,怎么办呢?
   ☐ 不要零钱。
   ☐ 不找零钱。
   ☐ 算了。

2. 这件衣服样子怎么样?
   ☐ 不挺好看的。
   ☐ 好看的。
   ☐ 不错。

3. 你刚听了天气预报,明天要不要穿羽绒服?
   ☐ 明天不冷,不用穿羽绒服。
   ☐ 明天不冷,不要穿羽绒服。
   ☐ 明天不冷,不得穿羽绒服。

4. 这件衣服你穿合适吗?
   ☐ 有点儿肥。
   ☐ 有点儿胖。

五 读下面的句子,体会句中加点词语的意义
Read the following sentences and make sure of the meanings of the dotted words

1. 这个词用汉语怎么说?
   你喜欢用毛笔*写字吗?
   不用谢。
   不用穿那么多衣服。

2. 这本书怎么样?
   咱们班一起去吃饭,怎么样?
   这次考试考得怎么样?

3. 你的汉字写得还可以。
   我可以试试这件衣服吗?
   我休息十分钟就可以了。

4. 你今天走还是明天走?
   这个录音我又听了两遍,还是没听懂。
   天太冷了,你还是穿上羽绒服吧。

六 根据课文内容判断正误

Judge the correct and wrong of the following statements according to the text

1. 今天没有昨天冷。
2. 今天房间里很冷,得穿上羽绒服才暖和。
3. 杰夫不怕冷。
4. 杰夫陪李文静去买大衣。
5. 他们试了半天也没买到一件合适的。

七 根据自己的情况互相问答 Ask and answer according to fact

1. 你喜欢穿什么颜色的衣服?
2. 你常常看天气预报吗?
3. 你的个子有多高?
4. 你喜欢穿肥一点儿的衣服还是瘦一点儿的衣服?
5. 你穿多大号的衣服?
6. 你们国家现在的天气怎么样?
7. 你怕冷吗?

八 情景会话 Situational Dialogue

每个同学带一件衣服到教室来,尽量不要带一样的,在班里开个小小服装店。分组,有人扮演售货员,有人扮演顾客,模拟买衣服的情景。

Every student brings a jacket to class. Try your best not to bring the same jacket. In class students will pretend to run a small clothing store. Be grouped: some students act as salespeople, others act as customers, perform a dialogue on clothing shopping.

参考词语:

| 样子 | 颜色 | 多大号 | 肥 | 瘦 |
| 好看 | 最 | 合适 | 试 | 镜子 |

九 成段表达 Narration

这儿和我想的（不）一样

参考词语： 比　　一点儿　　……多了　　极了
　　　　　 不太　挺　　最　　天气　　习惯

第二十四课 你家有什么人？
Nǐ jiā yǒu shénme rén?

（一）

安妮： 王平，明年你大学毕业以后，有什么打算？
Ānnī: Wáng Píng, míngnián nǐ dàxué bìyè yǐhòu, yǒu shénme dǎsuan?

王平： 我想去美国留学。
Wáng Píng: Wǒ xiǎng qù Měiguó liú xué.

安妮： 要是你真的去美国留学，可以到我家玩儿。
Ānnī: Yàoshi nǐ zhēnde qù Měiguó liú xué, kěyǐ dào wǒ jiā wánr.

王平： 那太好了！你爸爸妈妈做什么工作？
Wáng Píng: Nà tài hǎo le! Nǐ bàba māma zuò shénme gōngzuò?

安妮： 我爸爸是律师，妈妈是医生。
Ānnī: Wǒ bàba shì lǜshī, māma shì yīshēng.

王平： 你家还有什么人？
Wáng Píng: Nǐ jiā hái yǒu shénme rén?

安　妮： 还有一个哥哥和一个妹妹。
Ānnī: Hái yǒu yí ge gēge hé yí ge mèimei.

王　平： 他们都住在家里吗？
Wáng Píng: Tāmen dōu zhù zài jiā li ma?

安　妮： 我妹妹在上中学，住在家里；我哥哥住在大学里，周末才回家。
Ānnī: Wǒ mèimei zài shàng zhōngxué, zhù zài jiā li; Wǒ gēge zhù zài dàxué li, zhōumò cái huí jiā.

王　平： 他们会欢迎我吗？
Wáng Píng: Tāmen huì huānyíng wǒ ma?

安　妮： 那还用说！他们都是最热情的人。
Ānnī: Nà hái yòng shuō! Tāmen dōu shì zuì rèqíng de rén.

（二）

（安妮对王平说 Annie says to Wang Ping）

要是你以后去美国读研究生，可以去我家玩儿。我家有五口人，我爸爸是律师，妈妈是医生。我有一个哥哥和一个妹妹，哥哥是大学生，妹妹是中学生。他们一定会欢迎你的。

Yàoshi nǐ yǐhòu qù Měiguó dú yánjiūshēng, kěyǐ qù wǒ jiā wánr. Wǒ jiā yǒu wǔ kǒu rén, wǒ bàba shì lǜshī, māma shì yīshēng. Wǒ yǒu yí ge gēge hé yí ge mèimei, gēge shì dàxuéshēng, mèimei shì zhōngxuéshēng. Tāmen yídìng huì huānyíng nǐ de.

（三）

（在丽莎的宿舍 In Lisa's dormitory）

彼　得： 丽莎，这是你的照片吧？我可以看看吗？
Bǐdé: Lìshā, zhè shì nǐ de zhàopiàn ba? Wǒ kěyǐ kànkan ma?

丽　莎： 你看吧。
Lìshā: Nǐ kàn ba.

彼　得： 这就是你们全家吧？
Bǐdé: Zhè jiù shì nǐmen quán jiā ba?

丽 莎: 对。照得不错吧？
Lìshā: Duì. Zhào de búcuò ba?

彼 得: 挺好的。哪个是你啊？
Bǐdé: Tǐng hǎo de. Nǎ ge shì nǐ a?

丽 莎: 你好好儿找找。
Lìshā: Nǐ hǎohāor zhǎozhao.

彼 得: 这两个女孩儿长得差不多，后边穿红衣服的是你，对不对？
Bǐdé: Zhè liǎng ge nǚháir zhǎng de chàbuduō, hòubian chuān hóng yīfu de shì nǐ, duì bu duì?

丽 莎: 错了，那是我妹妹。
Lìshā: Cuò le, nà shì wǒ mèimei.

彼 得: 前边的是你呀！你们俩长得太像了。
Bǐdé: Qiánbian de shì nǐ ya! Nǐmen liǎ zhǎng de tài xiàng le.

注 释 Notes

1. 上中学

动词"上"表示到规定时间开始日常工作或学习等。如：
The verb "上" means the daily work or study starts at the regular time. For example:

上班　　上了两节课

（1）孩子七岁就该上小学了。
（2）她没上过大学。

2. 那还用说

表示不用多说，不需要怀疑。用反问的语气强调事实就是这样。如：
It means "Needless to say" "Without a doubt", used as a rhetorical question for emphasis. For example:

甲：她在美国留学很多年，英语一定很好吧？
乙：那还用说。

3. 全家

"全"意思是全部、整个。修饰名词时，不能带"的"。如：
"全" means "whole", "all", it can't be added by "的" when modifying a noun. For example:

全中国　　全世界　　全校　　全班同学　　全书内容　　全人类

4. 你们俩长得太像了

"像"做动词，表示在形象上相同或有共同点。如：
"像" is used as a verb, meaning resemblance in looks. For example:
（1）她的眼睛、鼻子都像妈妈。
（2）她和她的姐姐长得一点儿也不像。

练习 Exercises

一 听与读 Listen and read

白发三千丈，　　　　Bái fà sānqiān zhàng,
缘愁似个长。　　　　Yuán chóu sì gè cháng.
不知明镜里，　　　　Bù zhī míng jìng lǐ,
何处得秋霜。　　　　Hé chù dé qiū shuāng.

二 用正确的语调朗读下面的句子 Read the following sentences in correct intonation

1. 你家有什么人？
2. 你爸爸妈妈做什么工作？

3. 我妹妹在上中学。
4. 他们会欢迎我吗?
5. 那还用说!
6. 哪个是你呀?
7. 错了,那是我妹妹。
8. 你们俩长得太像了。

三 替换练习 Substitution

1. 我<u>妹妹</u>在上<u>中学</u>。

弟弟*	小学
姐姐	大学
哥哥	电脑课
儿子*	幼儿园*
女儿*	高中*

2. <u>他们</u>会<u>欢迎我</u>吗?——那还用说!

她结婚后还	工作
她	喜欢这个生日礼物
妈妈	想孩子
大夫	好好儿给我看病
你放寒假	去旅行

3. <u>全</u><u>家人都欢迎你</u>。

班同学都去了
校学生都要参加
家人都喜欢这个节目
世界*的人都关心这件事
年都没请过假

4. <u>你妹妹</u>长得很像<u>你</u>。

哥哥	爸爸
我朋友	她妈妈
我的眼睛*	妈妈
他	女孩子
小老虎*	猫*

四 选出最合适的应答句 Choose the correct answer

1. 这个字我写错了吗?
   - □ 不错。
   - □ 没错。
   - □ 很错。

2. 你大学毕业了吗?
   - □ 不毕业。
   - □ 还没呢,明年毕业。
   - □ 上大学四年级*。

3. 你是什么时候毕业的?
   - □ 明年夏天。
   - □ 去年。
   - □ 快毕业了。

4. 她长得怎么样?
   - □ 她样子漂亮。
   - □ 她是我妹妹。
   - □ 她个子很高,长得很漂亮。

五 说出相应的上句 Ask questions according to the answers

1. 甲：_____？
   乙：我家有五口人。

2. 甲：_____？
   乙：爸爸、妈妈、哥哥、妹妹，还有我。

3. 甲：_____？
   乙：我爸爸是律师。

4. 甲：_____？
   乙：后边个子最高的那个人是我朋友。

5. 甲：_____？
   乙：行。你们站好，一、二、三，笑一笑！好了。
   甲：谢谢你！

六 熟读课文，在下面这段话的空格里填上合适的词语
Read the text fluently and fill in the blanks with proper words

（　　　　）你大学毕业以后到美国（　　　　）研究生的话，可以来我家玩儿。我家有四（　　　　）人，我爸爸是大学老师，妈妈是医生，还有一个弟弟，（　　　　）上中学。他们都（　　　　）欢迎你的。

七 两个人一组互相问答 Ask and answer in pairs

1. 了解对方的家庭情况，然后再向老师介绍对方的家庭情况。
2. 了解对方上小学、中学和大学的情况，什么时候在哪儿上的学。

八 根据课文的内容，判断下面句子的内容对不对 True or false

1. 王平在美国上研究生的时候，在安妮家住过。
2. 王平怕安妮的家里人不欢迎他。
3. 安妮的哥哥和妹妹都在上学。
4. 丽莎的妹妹长得很像她，彼得没认出来谁是丽莎。

第二十四课　你家有什么人？ | 24

九 每个人带一张全家人的照片或者朋友们的照片给全班同学介绍。别的人可以就照片问一些问题

Everyone takes a photo of his or her family or friends, and introduce it to your classmates. Others can ask questions about the photos

参考词语：

……是……吗	对
……，对不对	那还用说
哪个是……	没问题
什么时候照的照片	错了
好好儿……	听说……
会……吗？	像

十 游戏：哪儿不一样？　A game: Where Is Different?

在下面两幅差不多一样的画中找出一些不一样的地方，全班分成几个小组比赛，看哪个组找得快，说得清楚。

Find out differences between the following pictures. The class can have a competition among several groups to see which one is faster and express it in clearer way.

第二十五课 Hánjià dǎsuan zěnme guò?
寒假 打算 怎么 过?

（一）

李文静： 安妮，这个学期快结束了，寒假打算怎么过？
Lǐ Wénjìng: Ānnī, zhè ge xuéqī kuài jiéshù le, hánjià dǎsuan zěnme guò?

安 妮： 我一放假就回国。
Ānnī: Wǒ yí fàng jià jiù huí guó.

李文静： 这么着急！
Lǐ Wénjìng: Zhème zháojí!

安 妮： 我太想家了！
Ānnī: Wǒ tài xiǎng jiā le!

李文静： 下个学期你还在这儿学习吗？
Lǐ Wénjìng: Xià ge xuéqī nǐ hái zài zhèr xuéxí ma?

安 妮： 还在，我已经申请延长了半年。你呢，放假去哪儿？
Ānnī: Hái zài, wǒ yǐjīng shēnqǐngle yáncháng le bànnián. Nǐ ne, fàng jià qù nǎr?

李文静：	当然是回老家过春节。
Lǐ Wénjìng:	Dāngrán shì huí lǎojiā guò Chūnjié.
安　妮：	下星期就是元旦了，同学们要开个晚会庆祝新年，你也来吧。
Ānnī:	Xià xīngqī jiù shì Yuándàn le, tóngxuémen yào kāi ge wǎnhuì qìngzhù xīnnián, nǐ yě lái ba.
李文静：	好啊。我需要准备什么？
Lǐ Wénjìng:	Hǎo a. Wǒ xūyào zhǔnbèi shénme?
安　妮：	不用准备什么。要是方便的话，带点儿吃的或者喝的都行。
Ānnī:	Búyòng zhǔnbèi shénme. Yàoshi fāngbiàn dehuà, dài diǎnr chī de huòzhě hē de dōu xíng.

（二）

丽　莎：	杰夫，下周就考完试了，你哪天回国？
Lìshā:	Jiéfū, xià zhōu jiù kǎowán shì le, nǐ nǎ tiān huí guó?
杰　夫：	我不回国。我要在中国旅行。
Jiéfū:	Wǒ bù huí guó. Wǒ yào zài Zhōngguó lǚxíng.
丽　莎：	去哪儿？
Lìshā:	Qù nǎr?
杰　夫：	还没最后决定，我想去好几个地方呢。
Jiéfū:	Hái méi zuìhòu juédìng, wǒ xiǎng qù hǎojǐ ge dìfang ne.
丽　莎：	那你得快一点儿决定。
Lìshā:	Nà nǐ děi kuài yìdiǎnr juédìng.
杰　夫：	为什么？
Jiéfū:	Wèi shénme?
丽　莎：	我听说很多中国人都要回老家过春节，旅行的人也很多，所以飞机票和火车票都会很难买。要是不早点儿预订，可能就买不到了。
Lìshā:	Wǒ tīngshuō hěn duō Zhōngguórén dōu yào huí lǎojiā guò Chūnjié, lǚxíng de rén yě hěn duō, suǒyǐ fēijīpiào hé huǒchēpiào dōu huì hěn nán mǎi. Yàoshi bù zǎodiǎnr yùdìng, kěnéng jiù mǎi bu dào le.

杰　夫：　是吗？谢谢你告诉我这些。我一回宿舍就上网查一查什么地方最好玩儿。

Jiéfū:　Shì ma? Xièxie nǐ gàosu wǒ zhèxiē. Wǒ yì huí sùshè jiù shàng wǎng chá yi chá shénme dìfang zuì hǎowánr.

（三）

（杰夫说 Jeff says）

　　寒假快到了。安妮要回国，我打算去南方旅行。我已经预订了一月十号去昆明的飞机票。云南有很多好玩儿的地方，我打算在云南玩儿十天左右，然后去海南。祝大家假期愉快！

　　Hánjià kuài dào le. Ānnī yào huí guó, wǒ dǎsuan qù nánfāng lǚxíng. Wǒ yǐjīng yùdìngle yīyuè shí hào qù Kūnmíng de fēijīpiào. Yúnnán yǒu hěn duō hǎowánr de dìfang, wǒ dǎsuan zài Yúnnán wánr shí tiān zuǒyòu, ránhòu qù Hǎinán. Zhù dàjiā jiàqī yúkuài!

注释　Notes

1. 我一放假就回国。

　　"一……就……"连接前后两个不同的动词，表示一种动作或情况出现后紧接着发生另一种动作或情况，可以共用一个主语，也可以分属两个主语。如：

　　"一……就……" connects two different verbs, meaning an action or situation in succession. The two verbs can share the same subject, or have two different subjects. For example:

（1）我一下课就去吃饭。
（2）她一说我就明白了。
（3）她很聪明，一学就会。

2. "元旦"和"春节"

　　"元旦"是世界多数国家通称的"新年"，是公历新一年开始的第一天。而"春节"是农历每年的正月初一，是中国传统的"新年"，也是中国最大的传统节日。

　　"元旦" is the term of New Year Day. It is the first day of the new year on the Gregorian calendar." "春节" (Spring Festival) occurs every year on the first day of the first month on the Chinese calendar. It is the traditional Chinese "new year", and is also China's most important traditional holiday.

3. 不用准备什么。

这里的"什么"是虚指，表示不确定的事物。如：
Here "什么" is an implicit reference, indicating an uncertain reference. For example:
（1）我饿了，咱们吃点儿什么吧。
（2）他们好像在聊着什么。
（3）只要去逛街，她一定会买点什么。

4. 我想去好几个地方呢。

"好几"用在数量词、时间词前面表示多。如：
"好几" is used before numerals or time words, to indicating many, for example:
（1）学校里有好几个食堂。
（2）他在那儿住了好几年。
（3）那个地方离这儿有好几十公里呢。

练 习 Exercises

一 听与读 Listen and read

朝辞白帝彩云间，　　Zhāo cí Báidì cǎiyún jiān,
千里江陵一日还。　　Qiān lǐ jiānglíng yí rì huán.
两岸猿声啼不住，　　Liǎng àn yuán shēng tí bú zhù,
轻舟已过万重山。　　Qīng zhōu yǐ guò wàn chóng shān.

二 用正确的语调朗读下面的句子 Read the following sentences in correct intonation

1. 寒假打算怎么过？
2. 我一放假就回国。
3. 这么着急！
4. 我太想家了！
5. 不用准备什么。
6. 我想去好几个地方呢。
7. 那你得快一点儿决定。
8. 要是不早点儿预订，可能就买不到了。
9. 谢谢你告诉我这些。
10. 祝大家假期愉快！

三 替换练习 Substitution

1. <u>寒假</u>打算怎么过？

周末
假期
暑假
圣诞节
春节

2. <u>一放假</u>就<u>回国</u>。

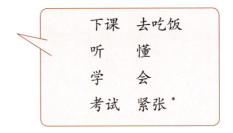

下课　去吃饭
听　　懂
学　　会
考试　紧张*

3. <u>带点儿吃的</u>或者<u>喝的</u>都<u>行</u>。

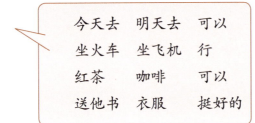

今天去　明天去　可以
坐火车　坐飞机　行
红茶　　咖啡　　可以
送他书　衣服　　挺好的

4. <u>我想去好几个地方呢</u>。

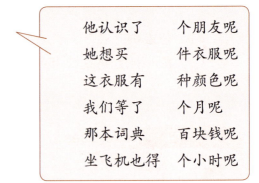

他认识了　　个朋友呢
她想买　　　件衣服呢
这衣服有　　种颜色呢
我们等了　　个月呢
那本词典　　百块钱呢
坐飞机也得　个小时呢

5. <u>我打算在云南玩儿十天</u>左右。

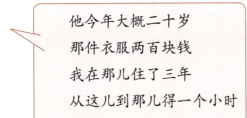

他今年大概二十岁
那件衣服两百块钱
我在那儿住了三年
从这儿到那儿得一个小时

6. 祝<u>大家假期愉快</u>！

你新年快乐
你们旅行愉快
您身体健康*
你生日快乐

四 大声朗读下面各组句子，注意加点词语的意义

Read the following sentences aloud, and pay attention to the meanings of the dotted words

1. 他每天都得去工作。
   他好像得了重感冒。
   你的汉语说得真不错。
   明天早上有课，所以我七点就得起床。
   从你的房间看得到大海*，我的房间看不到。

2. 来这儿以后，我很想爸爸妈妈。
   我想请你做我的辅导。
   你在想什么呢？
   这个问题你再好好儿想一想。

五 在下面的动词后填上合适的宾语，然后各造一个句子
Fill in the blanks with proper objects, and then make up a sentence for each

过　（　　　）　　延长（　　　　）
预订（　　　）　　庆祝（　　　　）
填　（　　　）　　查　（　　　　）
申请（　　　）　　开　（　　　　）

六 选用"以后、然后"填空 Fill in the blanks with "以后"or "然后"

1. 我很喜欢旅行，听说中国有很多好玩儿的地方，放假（　　　），我一定要去看看。
2. 昨天我和小王一块儿去逛街，我们先买了几件衣服，（　　　）去一家小饭馆儿吃了午饭。午饭（　　　），小王说他想去书店看看，我觉得有点儿累，就先回学校了。

七 根据下面有关预订或购买飞机票、火车票的图片，两个人一组模拟对话
Two students initiate a conversation based on the pictures below of reserving or buying plane or train tickets

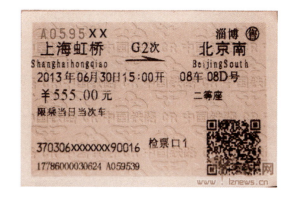

八　熟读课文，仿照杰夫的话说一说
Learn the text by heart, and retell on behalf of Jeff

寒假打算怎么过？

参考词语：　快……了　　打算　　预订　　一般　　难+V.　　最好
　　　　　　一……就……　　先……然后……　　可能　　左右
　　　　　　要是……就……

九　成段表达 Narration

我有一个打算，……

你知道吗？ Do You Know？（5）

寒暄与客套

中国人见面的时候，相互间有很多寒暄语，比如："你好！好久不见，最近好吗？""工作怎么样？忙吗？""身体好吗？家里人都好吧？"或者："你去哪儿？""吃（饭）了吗？""孩子学习怎么样？""听说你前些天去外地了，什么时候回来的？""你好像瘦了？""几天不见，你更漂亮了！""冷吗？你穿得太少了，小心别感冒！""这件衣服挺漂亮的，是新买的吧？"等等。这时对方可以据实回答，也可以简单回答说"还可以""挺好的""不太忙""我出去了一趟""吃了"等。如果有谁这样问你，这就表示他对你的关心，是他在跟你寒暄，你可不要觉得奇怪。

在见面时，中国人不常说"你好""早上好"等，而常根据时间、情况问要做的或正在做的事情，如"上课去呀""出去呀""回来啦""洗衣服呢""吃饭呢"等。

告别的时候，常说的客套话有"我还有点儿别的事，改天咱们好好儿聊聊""有空儿来家里玩儿"。但这并不是真的邀请，而是客套。只有一方提出具体时间，才是真的请对方去家里做客。

Small talks and politeness

There are quite a lot of small talks when Chinese people meet each other, for instance, "How are you? We haven't seen each other for a long time. How are you doing lately?" "How is your work?"

"Are you busy?""Are you keeping fit? Are your family well?" or "Where are you going?""Have you eaten?""How are the children doing in their studies?""I heard that you were away a few days ago, when did you come back?" "You seem to be losing weight?" "Haven't seen you for a few days and you look more pretty!" "Aren't you feeling cold? You're wearing so little, be careful not to catch a cold!" "This is a pretty dress, a new one?" and so on. The other party may give a truthful and factual answer or just a brief answer like: "All right", "Quite well", "Not very busy", "I had been to somewhere", "I had dinner already." and so on. These questions show the speaker's care. So you wouldn't feel embarrassed since it is just a kind of greeting.

When coming across someone, the Chinese people don't often say, "How are you" or "Good morning". The normal questions are to ask about the things you are doing or you are going to do, according to the time or situation, for instance: "Are you going to class?", "Are you going out?", "Oh, you're back?", "Wash your clothes?" "Have dinner?", etc.

In the common small talks are: "I have something else to do, let's have a chat someday later." "Come and visit us when you have time." However, this is just a small talk, which is not a real invitation. Only given the specific date and time, it meant a real invitation.